HORST MÜLLER

Der Kyffhäuser

Aufnahmen
von Hans-Dieter Kluge

Museen
Sammlungen
Denkmale

EDITION LEIPZIG

Inhalt

Kyffhäuserland 8

Kyffhäusergebirge, Goldene Aue, Diamantene Aue: natürliche Schönheiten und Geschichtsträchtigkeit · Klimatische Besonderheiten · Namensdeutung und Schreibweisen · Zeugen der Vergangenheit: Rothenburg, Rathsfeld, Barbarossahöhle und Bauernkrieg

Kyffhäuserburgberg 20

Natürliche Lage des Bergrückens · Besiedlung · Höhensiedlung und Fluchtburg · Kultplätze · Ergebnisse von Ausgrabungen · Krongutpolitik und Burgenbau · Königsherrschaft, Pfalzen und Servitien

Kyffhausen 28

Glanz, Wirkung und Bedeutung der Reichsburg Kyffhausen · Beziehungen zur Tilledaer Kaiserpfalz · Entstehung Kyffhausens · Quellenlage · Zerstörung und Wiederaufbau · Struktur der dreiteiligen Burg · Ober-, Mittel- und Unterburg · Goethes Besuch · Entwicklung der Besitzverhältnisse

Barbarossasage 60

Endzeitliche Erwartungen vom wiederkehrenden Kaiser · Verbindung der Kaisersage mit den Staufern Friedrich Rotbart und Friedrich II. · Falsche Friedriche · Lokalisierung der Sage in

Was man wissen sollte

Adressen:	Kyffhäuser-Fremdenverkehrsverband e. V. Kyffhäuser-Information Anger 14 O-4732 Bad Frankenhausen Telefon (Bad Frankenhausen) 30 37
	Kyffhäuser-Denkmal Post O-4732 Bad Frankenhausen Telefon (Roßla) 27 80
Öffnungszeiten:	1. Mai bis 30. September: 9.00–19.00 Uhr 1. Oktober bis 30. April: 9.00–17.00 Uhr Führungen nach Anmeldung
Eintritt:	Wird erhoben, für Kinder und Rentner sowie Gruppen ermäßigt
Fotografieren:	Gebührenfrei in der gesamten Anlage
Gaststätten:	»Grillbar« an der Oberburg Hotel »Kyffhäuser« mit Gaststätte »Burghof« Imbiß-Kiosk an der Unterburg
Service:	Souvenirverkauf an der Kasse und am Souvenirkiosk Die Kyffhäuser-Information bietet: Vermittlung von Führungen, Vorträgen, Übernachtungen und gastronomischen Leistungen Gruppenbetreuung Verkauf von Souvenirs und Informationsmaterial
Ausflugsziele:	Barbarossahöhle bei Rottleben · Rothenburg · Bad Frankenhausen · Bauernkriegspanorama Bad Frankenhausen · Wasserburg Heldrungen mit Gedenkstätte · Kaiserpfalz Tilleda · Rosarium Sangerhausen

den Kyffhäuserberg · Entwicklung des Inhalts und Übertragung auf Barbarossa · Romantik, nationale Bestrebungen des 19. Jahrhunderts und heutige Tradierung der Sage · Mißbrauch des Sagengutes

Kaiser-Wilhelm-Denkmal 76

Die nationalstaatliche Einheit Deutschlands 1871 · Kyffhäuser und Nationalbewußtsein · Studentische Aktionen auf dem Kyffhäuser · Errichtung des Kaiser-Wilhelm-Denkmals durch die deutschen Kriegervereine zum Gedenken an Wilhelm I. · Baugeschichte und Beschreibung des Monumentes · Kyffhäuserdenkmal und Kyffhäuserbund – Geschichte und Verantwortung

Ausstellungen 112

Museale Räume und Freianlagen auf dem Gelände der ehemaligen Reichsburg · Historische Reminiszensen in der Denkmalhalle · Exposition in der südlichen Seitenkammer des Denkmals · Der mittelalterliche Burgbrunnen · Die Gedächtnistafel des Kyffhäuser-Studentenverbandes · Das Burgmuseum

Literatur (Auswahl) 121

Kyffhäuserland

Die Bewohner der fruchtbaren Goldenen und Diamantenen Aue im nördlichen Thüringen blicken seit Menschengedenken in treuer Anhänglichkeit und auch ein wenig stolz auf »ihren« Kyffhäuser. Der kleine, nur etwa 60 Quadratkilometer bedeckende Höhenzug, als Horstgebirge eine Pultschollenerhebung des Erdaltertums, grüßt den Südharz und die nordthüringische Landschaft mit weiter Sichtbeziehung. Die bemerkenswerte und oft einmalige natürliche Ausstattung prägt den idyllischen Reiz und hohen Fremdenverkehrswert der Kyffhäuserlandschaft. Dazu gesellen sich Erinnerungen an bedeutsame und folgenreiche Bewegungen und Traditionen der nationalen und regionalen Geschichte. Die natürliche Schönheit und besondere Geschichtsträchtigkeit dieses Landstriches gestalten jeden Kyffhäuserbesuch zum anregenden Erlebnis.

Jahrzehnte bereits steht das gesamte Gebirge unter Landschaftsschutz. Der Wanderer bewundert das Gesicht dieser Landschaft mit seinem Wechsel zwischen steil aufragenden Höhenzügen, flachwelligem Hügelland, romantischen Talschluchten und weiten Niederungen. In einigen Arealen des Gebirges mit seinem umfangreichen Waldbestand treten uns Tiergemeinschaften und Vegetationsgesellschaften in solchen einmaligen Kombinationen entgegen, daß sie als besonders streng geschützte Reservate unter Naturschutz gestellt sind.

Die zahllosen Besucher des Fremdenverkehrsgebietes Kyffhäuser empfinden einige klimatische Eigenheiten der Region dankbar als angenehme Begleiter ihres Aufenthaltes. Aus seiner Lage im Regenschattengebiet des Harzes und Thüringer Waldes erklärt sich die Rolle des Kyffhäusers als »Regenfänger«. Die hier vorherrschenden Südwestwinde werden zum Aufsteigen gezwungen und fallen dann fönartig in die breiten Talungen ein. Eine solche ansteigende Luftbewegung führt in der Regel zu Erwärmung und Auflösung der Wolkenfelder. Langjährige Statistiken bestätigen diese Erscheinung und weisen die Kyffhäuserregion als regenarm und sonnenreich aus.

Seite 4:
Kaiser Friedrich Barbarossa, Figur im Innenhof des Kaiser-Wilhelm-Denkmals (Barbarossahof), 1895/96 nach einem Entwurf von Nicolaus Geiger (1849–1897)

Gesamtansicht der Rothenburg von Westen

Beziehungen des Kyffhäusers zu Wetterbeobachtungen haben offenbar eine lange Tradition. Eine alte Wetterregel berichtet:

»Steht der Wode ohne Hut,
Bleibt das Wetter schön und gut;
Ist er mit dem Hut zu sehn,
Wird das Wetter nicht bestehn.«

Diese »Wetterweisheit« ist seit Generationen im Volk verbreitet. Johannes Prätorius berichtet 1681, daß die »Umwohner nach dem Kyffhäuser zu blicken gewohnt wären, um zu erfahren, wie das Wetter sein werde«. Andere Versionen dieses Wetterspruches setzen »Kaiser Friedrich« an die Stelle Wotans. Auf alle Fälle manifestiert der Kyffhäuser jahrhundertelange Erfahrung und Beobachtung.

Die Wetterregel erläutert nicht allein klimatische Erscheinungen. Sie äußert Anregungen zur schwierigen Namensdeutung und lenkt in diesem Zusammenhang unser Augenmerk auf für den Kyffhäuser typische mythologische und historische Überlieferungen. Bis zum

13. Jahrhundert war die höchste Erhebung des Gebirges – der Kyffhäuserburgberg – als Wotansberg bekannt. Eine Urkunde des Zisterzienserklosters Walkenried von 1277 vermittelt diese Bezeichnung. Am oder auf dem Wotansberg gab es heidnische Kultstätten, offenbar dem germanischen Götterkult um Wotan geweiht. In diesem Sinne würde sich die Wetterregel mit der namenskundlichen Deutungsvariante des Kyffhäusers als Wolkenhutträger verknüpfen. Allerdings wäre diese Wetterregel ohne die Personifizierung des Bergfriedes der Oberburg mit Wotan beziehungsweise Friedrich nicht möglich geworden. Herkunft und Deutung der Bezeichnung »Kyffhäuser« regten immer wieder zu Untersuchungen an. Die allgemein spärliche Quellenlage zur Geschichte des Kyffhäusers ermöglicht bis heute keine eindeutig gültige Antwort. Uns bleibt die Wahl unter einigen Varianten. Es ist seit langem üblich, mit dem Begriff Kyffhäuser das gesamte Gebirge und den Burgberg mit den Ruinen der romanischen Reichsburg und dem Kaiser-Wilhelm-Denkmal zu fassen. Unterschiedliche Schreibweisen erschweren die exakte Deutung. Im Laufe der Jahrhunderte treten beispielsweise solche Formen wie Cuf(f)ese, Cophese, C(K)uphese, Kufese, Kouff-

Rothenburg mit Goldener Aue,
Lithographie, Anfang 19. Jahrhundert

Püsterich, Figur vom Taufbecken
der Kapelle auf der Rothenburg (?),
Kupfer, Zinn, Blei, Schloßmuseum Sondershausen

hußen, Kuf(f)hus(s)en, Kuffhese, Kieffhäuser, Göffhusen, Kiphäuser, Kipphäuser, Kipphusen, Kyf(f)husen, Kyffhäuser, Kiffhäuser, Küffhäuser und ähnliche auf.

Albrecht Timm verweist in seiner Arbeit auf einige Chronisten, die Schreibweise und Deutung des Kyffhäusers gar mit dem lateinischen confusio (Verwirrung, Vermischung) verbinden. Auch Fr. Guntram Schultheiß, Hans Eberhardt, Ewald Engelhardt bearbeiteten diese, unter anderem auf Nachrichten der Einbecker Chronik des Stadtpfarrers Theoderich Egelhus gestützte, fabelreiche Ansicht. Dessen chronikalische Vermutung geht von der Annahme aus, daß die Römer vom Kyffhäuser aus »die benachbarten Länder nicht nur verwirret und beängstiget sondern gar verwüstet und zerstöhret

Seiten 12/13:
Der Kyffhäuser, Luftaufnahme

haben. Denen Thüringern wäre diese Wort Confusion so schwer auszusprechen worden/daher hätten sie es nach ihrer Mund-Art Kipphusen oder Kiffhausen genennet.« Schultheiß zitiert Melissantes (eigentlich Johann Gottfried Gregorii), der sich bereits 1713 über diese Auslegung amüsiert hatte: »Es scheinet aber mit dieser Derivation (Ableitung, abgeleitete Auslegung – H. M.) ebenso richtig als mit der lächerlichen Tradition, daß Drusus seine Kälber- und Viehzucht in der Gegend soll gehabt haben.«

In der chronikalischen Überlieferung vor dem 13. Jahrhundert treten uns Cufese, Cuphese und Cuffese als älteste Namensformen entgegen. Später kam Kufhuse hinzu. »Huse« könnte das Grundwort für eine Baulichkeit – also ein Haus – markieren. Unter diesem Aspekt ließe sich der Name als Analogiebildung zu anderen Bezeichnungen mit der Endung -hausen empfinden. In Kufhuse und ähnlichen Wendungen ist aber auch die Wurzel des niederdeutschen Kuppe, Kopf enthalten. Danach ließe sich der Kyffhäuser als »Haus auf der Kuppe eines Berges« deuten. Eine andere Deutungsvariante leitet den Namensteil Kiff (Kyff) von Keifen = Streit, kriegerischer Streit ab. Das würde eine Erklärung als Streithaus (Kriegshaus), durchaus also auch die Bezeichnung einer Burg oder burgähnlichen Befestigungsanlage, rechtfertigen. Schließlich läßt ein Vergleich mit dem althochdeutschen cuppha = Kopfbedeckung die Deutungsweisen Hutträger (Wolkenhutträger) oder auch Hutberg zu. Die oben erwähnte Wetterregel stützt solche Ansichten.

In diesem Landstrich stehen beeindruckende Zeugnisse der Geschichte und Kultur ebenbürtig an der Seite der natürlichen Gegebenheiten. Über 200 urgeschichtliche Fundplätze im Kyffhäusergebirge mit seinem Burgberg bereichern die Forschungsarbeit um wertvolle Erkenntnisse über vielfältige Siedlungsspuren bis hin zur über 350 000 Jahre zurückliegenden Altsteinzeit.

Während der Herrschaftsperioden mittelalterlicher Dynastien begann für das Territorium zwischen Unstrut, Harz und Kyffhäusergebirge jener beziehungsreiche Weg, der dieses Gebiet seither mit den unterschiedlichen Bemühungen um ein politisch und wirtschaftlich einheitliches deutsches Staatsgebilde verknüpft. Neben den Überresten der Burg Kyffhausen, der Pfalz Tilleda (S. 21) und dem Denkmal, das den deutschen Kaiser Wilhelm I. (1797; 1871–1888)* würdigt, erinnern zahlreiche andere Zeugnisse an bedeutungsvolle historische Traditionen.

* Die erste Jahreszahl in der Klammer zeigt das Geburtsjahr an, die zweite und dritte Beginn und Ende der Regierungszeit, eine vierte das Todesjahr, wenn dieses mit dem Ende der Regierungszeit nicht identisch ist.

Ehemaliges fürstliches Jagdschloß Rathsfeld,
Ansicht von Süden, erbaut im 17. Jahrhundert,
Um- und Anbauten seit dem 18. Jahrhundert

In die Zeugen der Vergangenheit reiht sich zunächst die imposante Anlage der Rothenburg ein. Sie fand, gleichsam als der westliche Eckpfeiler des Kyffhäusergebirgsstockes, ihren Standort auf dem vorwiegend laubwaldbestandenen nördlichen Hauptkamm (S. 9, 10). Für den nordthüringischen Raum sind Kyffhäuser und die wohl in der ersten Hälfte des 12. Jahrhunderts entstandene Rothenburg geradezu typisch für Ansprüche, Beziehungen und Auseinandersetzungen zwischen königlicher Zentralgewalt und den nach Unabhängigkeit und partikularer Machtfülle strebenden Territorialfürsten. Die Rothenburg verdankt wohl ihren Namen dem roten Sandstein, aus dem sie einst errichtet wurde. Seit etwa 800 Jahren ist die Höhenburg mit der wechselvollen thüringischen Geschichte verbunden. Verschiedentliche Ausgrabungen erhellten ein wenig die mit der Reichsburg Kyffhausen geteilte Quellenarmut. Wertvolle Erkenntnisse brachten Grabungen und Restaurierungsarbeiten der Jahre 1937 und 1938. Von der ursprünglichen Anlage ist die Ruinensubstanz eines runden Bergfriedes erhalten. Er wird ergänzt von einer Ringmauer und dem kleinen südwestlichen Palas. Die über-

Blick in die Barbarossahöhle

wiegenden Teile der heutigen Burgruine entstammen späteren Erweiterungsbauten. Zunächst wollen wir unsere Aufmerksamkeit auf zwei Gebäudereste im Hof der Anlage richten: die Ruine der Kapelle, Teil einer ursprünglichen Doppelkapelle mit dem schönen Kreuzgewölbe, und das sich an sie fügende Hauptgebäude mit dem stattlichen zweigeschossigen Palas. Selbst im gegenwärtigen sanierungsbedürftigen Zustand gehört der 20 Meter lange und 9,5 Meter breite Saal im Obergeschoß mit den prächtigen Gliederungselementen aus Muschelkalk zu den reizvollen Eindrücken.

Im Mittelalter sicherten die Adelsgeschlechter der Rothenburger, Beichlinger, Wettiner, Schwarzburger und der von Tütcherode im wesentlichen von der Rothenburg aus ihre Herrschaft im nördlichen Thüringen. Der Verfall der Anlage setzte erst in der zweiten Hälfte des 16. Jahrhunderts ein. Die historische Überlieferung bewahrt die Erinnerung an den ritterlichen Sänger Christian von Luppin, dessen Name auch als »der Dürink Kristan Luppin« überkommen ist. Die Manessische Liederhandschrift enthält das Bild und sieben Lieder des in der Rothenburg lebenden Minnesängers. Man vermutet, daß er mit seiner empfindsamen Minnelyrik die Tochter des Burgherrn anbetete:

Werner Tübke (geb. 1929),
Frühbürgerliche Revolution in Deutschland, 1983–1987,
Monumentalgemälde im Bauernkriegspanorama (Ausschnitt)

»Si reine
sie vil schône herzeliebe gûte,
sie sêlig wîp
Alleine
wônt gewalteclich in mînem mûte:
ir lieber lîp
Mûs mir doch iemer mê der liepste sîn.
so rôt ward nie nicht,
noch enwirdet niemer
als ir vil trûtes mundelîn.«

Ludwig Friedrich Hesse berichtet 1823, daß die Tütcheroder Herren – vermutlich »in einer unterirdischen Kapelle jenes Schlosses unter Schutt und Steinen« – die hohle Erzfigur des Püsterich (S. 11) entdeckten. Die aus Kupfer, Zinn und Blei gefertigte Figur hat das Aussehen eines unförmig dicken Knaben. Sie ist über einen halben Meter hoch und wiegt etwa 37 Kilogramm. Die Rätsel um ihre Deutung sind bis heute ungelöst. Allgemein verbreitet ist die Ansicht, daß der Knabe mit weiteren Figuren das Taufbecken der Kapelle trug. Im 19. Jahrhundert erlebte die Rothenburg die Konstituierung des Kyffhäuserverbandes deutscher Studenten. Im Jahre 1906 verfremdete Wilhelm Kreis mit der Errichtung des Bismarckturmes an der Nordmauer die mittelalterliche Burgenarchitektur.

Auf dem Wege zur sagenumwobenen Höhe des Gebirges erinnert der Schlachtberg nahe Bad Frankenhausens an die im nordthüringisch-mansfeldischen Raum kulminierenden Ereignisse der Reformation und des Bauernkrieges während des 16. Jahrhunderts. Noch 1525, als sich Bergknappen, Bauern, Salzsieder und Stadtbürger gemeinsam mit dem Prediger Thomas Müntzer bei Frankenhausen dem fürstlichen Heer zum aussichtslosen Kampfe stellten, belebten auf Elemente der mittelalterlichen deutschen Kaisersage zurückgehende Wünsche und Hoffnungen plebejische Aktionen. Im nördlichen Thüringen waren zahlreiche kleine Feudalstaaten entstanden. Die Willkür ihrer strengen Herrschaft prägte das soziale und politische Gesicht der Region. Diese harte Wirklichkeit manifestierte sich schließlich nicht allein in den stillen Wünschen der Sagen, sondern beeinflußte den äußeren Widerstand. Im Kyffhäuserland entstand eines der Zentren des Bauernkrieges. Auf dem historischen Gelände der Frankenhäuser Bauernschlacht vom 14. und 15. Mai 1525 entstand das im September 1989 der Öffentlichkeit übergebene Panoramamuseum (S. 19). Im Zentrum dieses Museums sind in einem 123 Meter langen und 14 Meter hohen Rundgemälde des Malers

Bauernkriegspanorama,
Schlachtberg bei Bad Frankenhausen

Werner Tübke Faszination und Wirkung eines ganzen Zeitalters bildkünstlerisch gewürdigt (S. 17).

Auf dem weiteren Wege lädt eine weiträumige Laughöhle, ausgebildet im Anhydrit des Zechsteins, zum Besuch ein. Mit ihren weit über 800 Meter langen begehbaren Räumen gehört sie zu den großen europäischen Gips- und Anhydrithöhlen. Die phantasievolle Verknüpfung der einzigartigen unterirdischen Höhlenwelt mit dem Kyffhäuser gab ihr die Bezeichnung Barbarossahöhle (S. 16).

Inmitten des Kyffhäuserwaldes grüßt das ungemein schön gelegene Rathsfeld. Spärliche Zeugen der einstigen Siedlung, das 1698 erbaute und später mehrfach umgebaute fürstliche Jagdschloß (S. 15) und Erinnerungen an geschichtsträchtige Ereignisse, wie beispielsweise die Manifestation von 6000 Mitgliedern des Deutschen Nationalvereins 1862 auf der Rathsfeldwiese, wecken weiteres Interesse an der Natur und Geschichte des Kyffhäuserlandes.

Kyffhäuserburgberg

Der Kulpenberg mit dem Fernsehturm ist die höchste Erhebung des kleinen Gebirges. Von ihm verfolgen wir einen länglich-schmalen Bergrücken bis hin zur Unterburg der ehemaligen Reichsburg Kyffhausen. Nur im Westen fest mit dem Gebirgsmassiv verbunden, erhebt er sich in West-Ost-Richtung aus den Talniederungen. Seine Nordseite steigt schroff und nahezu unvermittelt aus der Landschaft empor. Etwa 300 Meter beträgt hier der Höhenunterschied zur fruchtbaren Ebene der Goldenen Aue. Südlich und besonders östlich gestalten einige kleine Täler den Abfall etwas sanfter. Die natürliche Lage dieses Bergsporns begünstigte offensichtlich seine Benennung in Kyffhäuserburgberg. Trotz der strukturellen geologischen Einheitlichkeit des Bergrückens vom Kulpenberg bis zur Unterburg wird im allgemeinen lediglich der östliche Sporn als Burgberg – im Volksmund auch einfach nur »Kyffhäuser« – bezeichnet.

Den Burgberg bedecken braunrote Konglomerate und Sandsteine des Oberen Karbon. Sie lieferten das Material zum Bau der mittelalterlichen Reichsburg und später des Kaiser-Wilhelm-Denkmals. Der optisch fast bescheidene Bergsporn mit seiner Höhe von 399 bis 457 Meter überragt das Tilledaer Tal und erleichterte mit seiner Lagegunst jahrhundertelang die Verteidigung dieses wichtigen Herrschaftsgebietes.

Leider nur spärliches Material und erst recht spät einsetzende schriftliche Überlieferungen erschweren es uns, die Besiedlung und geschichtliche Entwicklung des Burgberges lückenlos zu verfolgen. Zur Bearbeitung der Geschichte des Burgberges mit seinen Anlagen stehen uns neben dem lückenhaften schriftlichen Gut Teile des Fundmaterials während der Erdarbeiten zum Denkmalsbau (etwa aus den Jahren 1890 bis 1893), die Ergebnisse von Ausgrabungen der Jahre 1934 bis 1938 und ur- und frühgeschichtliche Sachfunde aus verschiedentlichen sporadischen Grabungen zur Verfügung.

Das wegen seiner dichten Waldungen bis zur Jahrtausendwende kaum kultivierte Gebirge hatte im Burgberg seinen bevorzugten Platz zur Verteidigung und für Kulthandlungen. Auf eine lange Siedlungsgeschichte verweisen zahlreiche, im Laufe der Zeit geborgene Sachzeugen. Auch an dieser Stätte bestätigt sich, daß burgenähnliche Schutzanlagen, Burgen selbst und Kultplätze sehr oft be-

Tilleda, Blick auf den Pfingstberg
mit dem Ausgrabungsgelände der Kaiserpfalz

reits in vorchristlicher Zeit als Zentren früher Siedlungsprozesse anzusehen sind. Während wir an den Randzonen des Gebirges auf mannigfaltige ur- und frühgeschichtliche Siedlungsspuren stoßen, weist im Gebirge selbst nur der Burgberg eine mit der Jüngeren Steinzeit beginnende geschlossene Besiedlung nach.

Viele Sachfunde verdeutlichen, daß eine befestigte Höhensiedlung während der langen Siedlungsgeschichte des Bergsporns einen wichtigen Platz einnahm. Es war üblich, während gefahrvoller Ereignisse den Schutz von Wallburgen zu suchen. Solche Stätten sind uns auch als Fluchtburgen bekannt. Auf dem Kyffhäuserberg wurden Reste von Trockenmauern und Wällen einer solchen Anlage freigelegt. Eine bis zu 50 Zentimeter starke Kulturschicht aus der frühen Eisenzeit kündet von Siedlungsphasen, belegt und unterstützt eine zumindest annähernde zeitliche Zuordnung und bestätigt den Befestigungscharakter der Anlage. Hermann Wäscher, Hans Eberhardt und andere berichten darüber: »Am Nordhang lag eine Schicht mit Bruchstücken des anstehenden Felsens, die allem Anschein nach künstlich gesetzt waren. Sie verkörpert aller Wahrscheinlichkeit nach eine zusammengestürzte geschichtliche Trockenmauer... Auch am Südhang konnte eine Walltrockenmauer festgestellt werden, die hier besonders weit herunterreichte. Nach den Funden zu urteilen, übertraf die eisenzeitliche, befestigte Höhensiedlung die mittelalterliche Burg an Größe.« Die früheisenzeitlichen Veneto-Illyrer errichteten diese etwas tiefer als die spätere Reichsburg Kyffhausen am Hang gelegene Schutzanlage offensichtlich während der Eisenzeit, die sich in unserem Raum seit der zweiten Hälfte des 8. Jahrhunderts v. u. Z. durchgesetzt hatte. Mit ihren Wällen und Zwischengräben war die befestigte Höhensiedlung der mittelalterlichen Oberburg westlich vorgelagert. Der ur- und frühgeschichtliche Siedlungs- und Nutzungsprozeß ist nicht auf die Eisenzeit zu beschränken. Den Beweis liefern uns interessante Sachfunde. Die ältesten Sachzeugen – Spinnwirtel, Schuhleistenkeil, verschiedene Gefäße, Steinbeile aus Amphibolit (Hornblendefels; grau- bis dunkelgrüne Gesteinsart) und andere – gehören der Jungsteinzeit an. Bronzenadeln und Tongefäße verweisen auf bronzezeitliche Siedlungsspuren. Neben typisch eisenzeitlichem Fundmaterial bestätigen schließlich einige Zeugnisse auch Einflüsse der spätrömischen Kaiserzeit. Die Ursachen für die Existenz römischer Bergefunde sind nicht genau bekannt. Vermutlich erklären sie sich als Folge von Austauschbeziehungen. Um die Höhensiedlung gruppierten sich bereits in vorchristlicher Zeit heidnische Kultplätze. Während der Grabungen in den Jahren 1934 bis 1938 stieß man in der eisenzeitlichen Kultur-

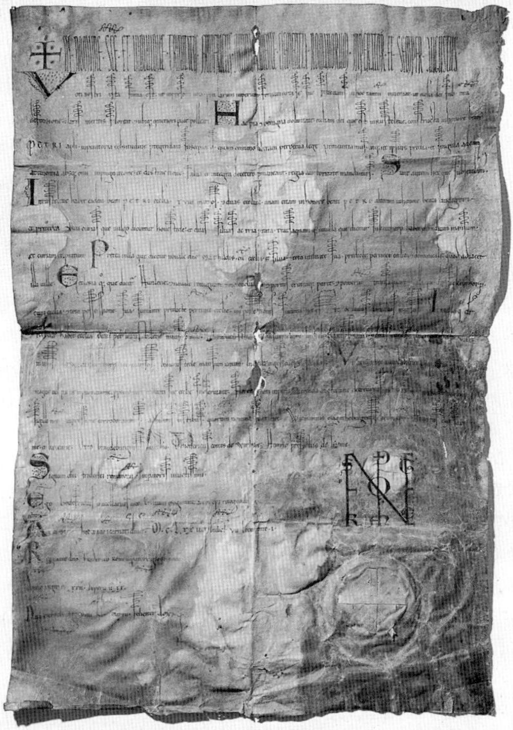

Schutzbrief Kaiser Friedrich Barbarossas
vom 21. Februar 1174 für die
Klosterkirche Roßleben (Unstrut)

stufe auf eine Lage verbrannten Getreides, vermutlich eine Opfergabe. Nur wenig mehr als 600 Meter vom Burgberg entfernt windet sich das Tal der »Heiligen Eichen« durch das Gebirge, eine der alten Kultstätten. Albert Fulda informiert über eine Urkunde des Jahres 1434, in der »Heiliger Born« und »Heiliges Holz« erwähnt sind. Er verweist in diesem Zusammenhang auf die Wirkung ehemals heidnischer Kultstätten des Kyffhäusers auch nach der Christianisierung. Bis heute finden sich die oben angeführten und andere Bezeichnungen – zum Beispiel Wolwedatal und Aspenliethe – in den Flurkarten.

Leider ist bisher nur ein geringer Teil der Funde und Befunde der

Grabungsarbeiten während der dreißiger Jahre wissenschaftlich aufgearbeitet worden. Das umfängliche Material harrt in der Friedrich-Schiller-Universität Jena, die damals unter Prof. Gotthard Neumann die Grabungen betreute, der vollständigen wissenschaftlichen Erschließung. Dieses Hemmnis erschwert Datierung und Deutung der jeweiligen Bauelemente der mittelalterlichen Anlage, deren schriftliche Überlieferung erst recht spät mit dem Jahre 1118 einsetzt. Damit liegen die frühe Geschichte des Burgberges und vor allem auch die burgengeschichtlichen Anfänge der größten romanischen Reichsburg in Deutschland weitgehend im Dunkeln. Vergleiche, bauhistorische Analysen, Grabungen und wissenschaftliche Vermessungen gleichen diesen Mangel ein wenig aus.

Trotz der spärlichen Quellenlage besteht kein Zweifel, daß die Burganlagen auf dem östlichen Bergsporn des Kyffhäusers der Technik des mittelalterlichen Burgenbaus entsprechen und in engem Zusammenhang mit der Sicherung und Verwaltung des im Südharz massierten Reichsgutes stehen. Im Nebeneinander zwischen der Kaiserpfalz Tilleda und der Reichsburg Kyffhausen liegt eine der spezifischen Ursachen dieses Zusammenhanges. Seit der Errichtung der mittelalterlichen Anlage rückte der Kyffhäuserburgberg mit seinen Bauten über viele Jahrhunderte hinweg immer wieder und unter den unterschiedlichsten Bedingungen in das Blickfeld historischen Ringens um einen einheitlichen deutschen Nationalstaat.

Die Erhaltung und Erweiterung vorhandener Burgen gehörten ebenso zum Wesen des deutschen Mittelalters wie deren Zerstörung und Neubau. Dafür gab es verschiedene Gründe. Für die Königsgewalt gehörte – besonders seit der salischen und staufischen Kaiserzeit, die mit der Herrschaft Konrads II. (um 990, 1024–1039) einsetzte – festgefügter Territorialbesitz zur Voraussetzung erfolgreicher Krongutpolitik. Landesfürsten dagegen nutzten befestigte Anlagen für ihre Ziele, die in der Regel den Zentralisationsbestrebungen der Kaiser und Könige entgegenstanden. Diese Polarität führte zu unvermeidlichen Auseinandersetzungen. Sie prägte den historischen Weg auch der Kyffhäuserburgen.

Im nördlichen Thüringen und dem Südharz waren zwei nach dem Teilungsvertrag von Verdun entstandene sächsische Herzogtümer die bestimmenden politischen und ökonomischen Kräfte. Ihr Einfluß wuchs, als sich Ost- und Westsachsen um 880 unter dem Geschlecht der Liudolfinger – benannt nach dem Sachsenherzog Liudolf – vereinigten. Im geschlossenen Territorialgebiet dieses sächsischen Herzogtums von Ostfalen über den Harz und Thüringen bis nach Mainfranken erreichte die königliche Zentralgewalt

Blick auf den Kyffhäuser
von Süden

lange Zeit keinen nennenswerten Einfluß. Der unverkennbare Aufschwung wichtiger Wirtschaftszweige war vom Bau zahlreicher Burgen und der Entwicklung eines sicheren Befestigungswesens begleitet.

Auch um Harz, Goldene Aue und Kyffhäuser ist verstärkter Burgenbau zu registrieren. Ursprünglich vorwiegend als Fluchtburgen genutzte Anlagen wandelten ihre Funktion. Die Bevölkerung fand zunächst weiterhin persönlichen Schutz in den Burgen, deren militärische Bedeutung allerdings zunahm. Befestigte Burgen wurden nun zu Machtzentren feudaldynastischer Herrscher. Neue Anlagen waren in der Regel kleiner, ihr Aufnahmevermögen geringer, so daß für die Masse der Bevölkerung kein Platz blieb. Diese Entwicklung beobachten wir auch am Kyffhäuser. Die Herrenburg hatte die Fluchtburg abgelöst. Viele Adelsgeschlechter benannten sich nach dem Ort ihrer Stammburgen. Das taten beispielsweise auch die Staufer, deren Stammsitz Stauf bei Göppingen im Bauernkrieg zerstört wurde.

Friedrich Barbarossa
mit seinen Söhnen Heinrich VI. und Friedrich,
Miniatur aus der Welfenchronik, um 1180

Um den Harz, die Goldene Aue und den Kyffhäuser bauten die sächsischen Stammesherzöge ein territorial relativ geschlossenes Herrschaftsgebiet auf. Die Landesherren nutzten die günstigen wirtschaftlichen Bedingungen der Region. Damit begann die Entwicklung dieses Gebietes als wichtige Stütze späterer Krongutpolitik. Bereits im 10. Jahrhundert wurden in einigen Orten der Goldenen Aue – beispielsweise in Wallhausen, Nordhausen, Allstedt und Tilleda – Königsurkunden ausgefertigt. Damit sind diese Orte als Pfalzen, wie man die zeitweiligen Residenzen der mittelalterlichen Herrscher bezeichnete, belegt. Die Könige verfügten zu dieser Zeit über keinen festen Regierungssitz. Sie übten ihr »hohes Gewerbe im Umherziehen« aus und kehrten mit dem auch zahlenmäßig stattlichen Gefolge vorwiegend in den königlichen beziehungsweise kaiserlichen Pfalzen, aber auch in Klöstern oder an Bischofssitzen ein (S. 23). Während der Aufenthalte der Herrscher sicherten die befestigten Pfalzen als Wirtschaftszentren die anspruchsvolle Versorgung. Mit den landwirtschaftlichen Gütern, den Produkten der Pfalzmühlen und der Handwerker befriedigten die Pfalzen die Bedürfnisse der königlichen Tafel. Man spricht deshalb auch von den Tafelgütern.

Der Wert eines Gebietes maß sich daran, wie lange es in der Lage war, die Könige und ihr Gefolge zu verpflegen. Im Servitium regis (Königsdienst, Königsabgabe) waren die für Herrscheraufenthalte aufzubringenden Naturalleistungen zusammengefaßt. Ein Tafelgüterverzeichnis aus dem 12. Jahrhundert nennt uns den Umfang eines Servitiums: 600 Schweine, 60 Kühe, 100 Ferkel, 1 000 Hühner, 1 000 Eier, 1 800 Käse, 200 Gänse, Bier, Wein, Wachs und Pfeffer. Oft wurden mehrere Servitien gefordert. Damit nahm der Tribut einen Umfang an, der auch die um die Pfalzen gelegenen Dörfer stark belastete. Eine Wertung der Höhe dieser Abgabe muß auch die damaligen bescheidenen Produktionsergebnisse berücksichtigen. Mastschweine beispielsweise erreichten im Mittelalter ein durchschnittliches Gewicht von 40 bis 60 Kilogramm. Oft waren wegen der schwierigen Futterbedingungen zusätzliche Weideplätze im Kyffhäuserwald erforderlich. Darüber berichtet uns auch die Sage vom Sauhirten auf dem Kyffhäuser.

Ähnliche Beziehungen, wie sie im Mittelalter zwischen politischer Herrschaft, Wirtschaft und Burgenbau allgemein entstanden waren, führten zur Errichtung einer befestigten Höhenburg im Kyffhäusergebirge.

Kyffhausen

Vor Jahrhunderten strahlten die drei Kyffhäuserburgen Glanz, Majestät, Anspruch und Würde mittelalterlicher Kaiser- und Fürstenmacht weithin aus. Hermann Wäscher schildert die äußere Wirkung der Anlage. Wir empfinden seine Beschreibung als zusammenfassenden Eindruck der langjährigen bautechnischen und burgengeschichtlichen Forschungsarbeiten: Dazu »muß man sich das gesamte Mauerwerk weiß verputzt denken mit eingeritzten Fugen, die Gebäude mit großformatigen Mönch- und Nonnenhohlziegeln eingedeckt, die ihrerseits ebenfalls farbig abgesetzt waren. Die Außenwände der Wohngebäude waren genau so reich bemalt wie die der Innenräume. Bei den kirchlichen Bauten und oft auch beim Palas waren die Dächer mit silbrig schillernden Bleiplatten eingedeckt. Denkt man sich den grünen Wald dazu, dann gibt das alles zusammen ein farbenprächtiges Bild.« Natürlich bedurfte es der Mühen harter Fronleistungen und der Anstrengungen vieler Generationen, bis die vollendete Burg Land und Leute beherrschte.

Der äußere Glanz der Kyffhäuserburgen war im Grunde genommen lediglich das schmückende Beiwerk des allgemeinen und spezifischen Anliegens dieser Befestigung: Zentrum für militärische Sicherung des umliegenden Territoriums, Verwaltung, Versammlung, Kirchendienste und Kulthandlungen, Wirtschaft, Versorgung und Vorratswirtschaft.

Über die Gründung und die anfängliche Entwicklung der mittelalterlichen Burg Kyffhausen besitzen wir keine schriftlichen Nachrichten. Der Vergleich mit der allgemeinen historischen Entwicklung in Nordthüringen und im Harz führt zu annähernd realen Ergebnissen. Nach der Jahrtausendwende boten die zunächst in Niederungen oder – wie Tilleda – auf mittleren Erhebungen errichteten Pfalzen keinen ausreichenden Schutz mehr, denn Kriegs- und Belagerungstechnik hatten sich verbessert. Deshalb wählte man Bergkegel oder schwer zugängliche Bergvorsprünge zu Burgenstandorten oder entwickelte aus vorhandenen Anlagen stabile Höhenburgen. Der einsame Bergsporn des Burgberges besaß die natürliche Lagegunst für eine Höhenburg. Er bot der vorgelagerten Pfalz Tilleda sicheren Schutz. Diese Beziehung zwischen Kyffhausen und Tilleda ist wohl auch deshalb wirklichkeitsnah, weil wir mit Til-

Der Kyffhäuser von der Südseite,
Lithographie der graphischen Anstalt
W. Loeillot, Berlin

leda – wie ein Blick in die Geschichte dieses königlichen Besitzes beweist – eine keineswegs zweitrangige Pfalz vor uns haben. Immerhin ist in den großen mittelalterlichen Quellenwerken Tilleda in den Jahren 974, 993, 1031, 1035, 1036, 1041 und 1042 als Ausstellungsort von Königsurkunden erwähnt. Spätestens nach der Jahrtausendwende verband die sogenannte Königsstraße die Pfalzen Nordhausen, Tilleda und Allstedt. Auch das trug zu festen Beziehungen Kyffhausens zur Krongutpolitik bei. Dieser Prozeß war wohl endgültig während der Regierungszeit Kaiser Heinrichs IV. (1050; 1056–1106) abgeschlossen.

Heinrich III. (1017; 1039–1056) ließ schon Mitte des 11. Jahrhunderts einige Burgen in Thüringen errichten. Sein Sohn setzte das Werk fort: Harzburg, Lauenburg und wahrscheinlich Kyffhausen entstanden. Harz- und Lauenburg gleichen der Kyffhäuseranlage in Größe und Anordnung nahezu völlig. Deshalb weist Wäscher in seinen baugeschichtlichen Untersuchungen auch die Entstehung Kyffhausens in seiner dreigeteilten Anlageform den Regierungsjahren Heinrichs IV. zu und nennt mit Benno II., Bischof von Osnabrück, den vermutlichen Baumeister: »Sämtlich sind sie dreiteilig und ha-

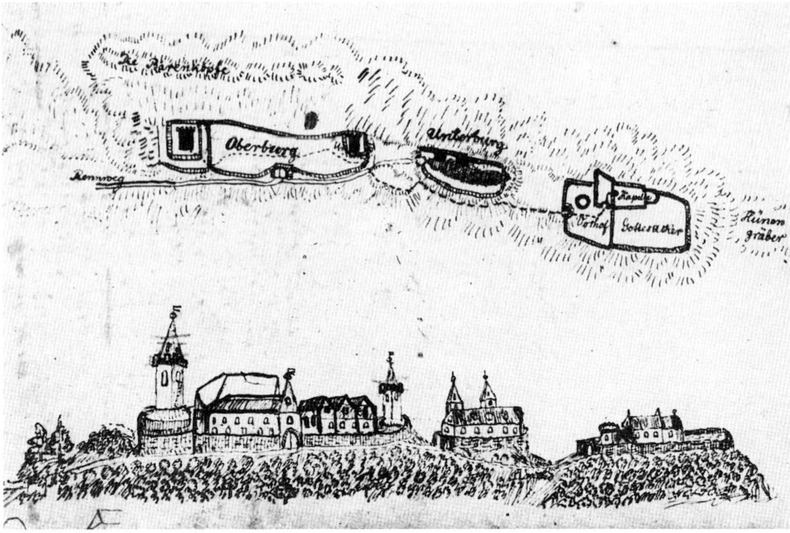

Burg Kyffhausen, Lageskizze und Rekonstruktionsversuch,
nach einer anonymen Federzeichnung,
Anfang 19. Jahrhundert

ben eine getrennt für sich liegende Unterburg. Die Lauenburg und die Harzburg sind mit ihren Vorburgen ca. 420 m lang, die Burg Kyffhausen sogar 608 m. Die Oberburgen stimmen in ihrer Grundrißeinteilung fast überein. Besonders die Wehranlagen der Angriffsfront mit ihrer dreieckigen Ringmauerführung und der Stellung des Bergfrieds sind bei den drei Burgen fast gleich... Eine weitere Übereinstimmung an den drei Burgen ist die gleichartige Ausnutzung des Baugeländes. Sie liegen auf einem Grat, der nur wenig abgearbeitet ist und auf welchem die Bergfriede stehen. Die Ringmauern sind am Abhang errichtet, an sie angelehnt stehen die Gebäude. Die durch ihre tiefere Lage entstehenden Höhenunterschiede wurden als Keller benutzt, der Hofraum vor den Gebäuden wurde durch den Schutt, der bei der Abarbeitung des Grates entstand, aufgefüllt.«

Da urkundliche Nachweise aus der Zeit vor 1118 – abgesehen von einer inhaltlich zweifelhaften schriftlichen Überlieferung von 1116 – völlig fehlen, helfen uns zur Datierung der Kyffhäuserburgen solche vergleichenden Untersuchungen. Es darf vorausgesetzt werden, daß die drei Burgteile Kyffhausens nicht gleichzeitig entstanden. Spätestens unter Heinrich IV. standen die Arbeiten an der

Burg Kyffhausen,
Rekonstruktion der Gesamtanlage
von Hermann Wäscher, Feder/Tusche

Burg mit den Aufgaben Kyffhausens als Reichsburg in Verbindung. 972 übereignete der spätere Kaiser Otto II. (955; 973–983) seiner Frau Theophanu die kaiserlichen Höfe Nordhausen und Tilleda als Hochzeitsgabe. Das belegt die Existenz der Pfalz Tilleda mindestens schon in dieser Zeit. Da die dreigeteilte Kyffhäuserburg auf alle Fälle jünger als die kaiserliche Pfalz ist, kann man schlußfolgern, daß bereits vor der zweiten Hälfte des 11. Jahrhunderts eine Anlage zum Schutz der Pfalz existiert haben muß.

Über das Alter von Ober- und Unterburg bestehen nach wie vor unterschiedliche Ansichten. Einige wissenschaftlich bearbeitete Keramikfunde weisen nach Ansicht Hans-Jürgen Brachmanns die Oberburg bereits für die erste Hälfte des 11. oder sogar das späte 10. Jahrhundert nach. Andere Untersuchungen gehen von Scherbenfunden auf dem Unterburggelände aus, deren Alter das der sich westlich an die Unterburg fügenden Anlagen übertrifft. Auch die – beispielsweise von Wäscher – verschiedentlichen Untersuchungen des Baumaterials bestätigen das höhere Alter der östlichen Anlage, die bekanntlich in unmittelbarer Sichtbeziehung zur Tilledaer Pfalz stand. Nach solchen Auffassungen wäre die befestigte Kyffhäuserburg in die Regierungszeiten der Vorgänger Heinrichs IV. – Heinrich II. (973; 1002–1024), Konrad II. und Heinrich III. – zu datieren. Seit dem 15. Jahrhundert verminderte der Betrieb eines Steinbruches auf dem Gelände der Mittelburg die Bausubstanz Kyffhausens erheblich. Auch der Denkmalbau hinterließ Spuren. Zwischen 1890 und 1897 erlitt praktisch der gesamte östliche Teil der Oberburg erhebliche Zerstörungen. Diese Eingriffe beeinflussen die Bemühungen um die Ermittlung der Burgdaten leider recht negativ. Vermutlich ist die Unterburg der älteste Teil Kyffhausens.

Zusammengefaßt darf festgestellt werden, daß die Anlage so oder so im 11. Jahrhundert ihre geschichtliche Rolle als Reichsburg begann. Das politische Umfeld dynastischer Auseinandersetzungen und die großen Ähnlichkeiten mit Harz- und Lauenburg orientieren dabei auf die zweite Hälfte jenes Jahrhunderts. Immerhin arbeitete mit dem erwähnten Bischof von Osnabrück ein Mann für Heinrich IV., der über umfassende wissenschaftliche und baupraktische Kenntnisse verfügte. Benno II. förderte die Zentralisierungsbestrebungen seines Königs mit unbeugsamer Härte. Einige Quellenwerke und Darstellungen – beispielsweise die Quellen zur Geschichte Heinrichs IV. in der Übersetzung von Franz-Josef Schmale, Norberts (Abt von Iburg) Biographie Bennos und Heinrich Spiers Auf-

E. Dietzsch, Der Kiffhäuser,
Lithographie nach einem Kupferstich
von Varoll

J. A. Gläser, Ruine des Bergfrieds,
Kupferstich nach einer Zeichnung von Carl Holdermann,
1. Hälfte 19. Jahrhundert

satz über Benno II. am Goslarer Königshof – geben sichere Nachrichten über Heinrichs treuen Dienstmann. Er wird als hervorragender Baumeister, wohlbewanderter Leiter der Stein- und Mauerarbeit, wichtiger Sachwalter des Königsgutes und überragender Landwirt geschildert. Benno, von Heinrich IV. in Goslar als Reichsvogt eingesetzt, entwarf die Pläne für eine sächsische Burgenkette. Sie galt der Sicherung des Reichsgutes im Harz und in Thüringen. Hier hatte natürlich der Kyffhäuser seinen Platz.

Erste zuverlässige und ausführliche Nachrichten besitzen wir aus dem Jahre 1118. Zu diesem Jahre berichten erstmalig die Annalen von Pegau und die der Annalista Saxo und erwähnen die Belagerung Kyffhausens durch die Truppen sächsisch-thüringischer Fürsten. Unter Herzog Lothar von Supplinburg kämpften sie gegen Heinrich V. (1081; 1106–1125) und seine Absicht, die Krondomäne als Basis königlicher Herrschaftsgewalt zu festigen. Die Fürsten schlugen Heinrich 1115 am Welfesholze bei Mansfeld. Noch im gleichen Jahre bemächtigte sich Lothar – geboren 1075 und 1125 bis 1137 als Lothar III. selbst deutscher König – der Burg Falkenstein. Danach belagerte er seit 1116 das stark befestigte Kyffhausen. Im

Auftrag Heinrichs verteidigte Pfalzgraf Friedrich die für die Reichsgutpolitik wichtige Burg nahezu drei Jahre. 1118 wurde Kyffhausen dann doch eingenommen, niedergebrannt und vernichtet. Da bei der Einnahme die Bauhülle der Burganlage nahezu vollständig zerstört wurde, läßt sich der exakte Standort Kyffhausens bis 1118 nicht authentisch lokalisieren. Das führte zu unterschiedlichen Ansichten über die Anlagestruktur Kyffhausens. Sie reichen hin bis zu der von Hans Eberhardt und anderen vertretenen Annahme, der Burg vor 1118 als Standort die »höchste Erhebung des Kyffhäusers« zuzuweisen, »und zwar dort, wo noch heute die Ruinen des Bergfrieds der Oberburg zu sehen sind«. Aber auch diese Schlußfolgerung aus Eberhardts Untersuchung zur Burgen- und Sagengeschichte Kyffhausens bleibt letztlich hypothetisch. Völlige urkundliche Klarheit ist wohl nicht zu erhalten. Ebensowenig sind Gesamtausdehnung, Grundrisse und Unterteilung der Anlage nachvollziehbar. Man darf erfahrungsgemäß davon ausgehen, daß mit dem bald nach 1118 einsetzenden Wiederaufbau der Burg auch Erweiterungen und strukturelle Änderungen erfolgten.

Über den Neuaufbau der Burg berichten keine Quellen. Er dürfte in der Regierungszeit Lothars III. begonnen worden sein, also nach 1125, und sehr lange gedauert haben. Es entstand eine streng dreigeteilte Anlage, die nun im Dienst der Königsherrschaft Lothars stand. Offensichtlich war Lothar an der Errichtung sicherer Burgen in dieser Region interessiert. Das beweist seine Unterstützung für die Entwicklung der Rothenburg. Vermutlich beeinflußten die größeren Möglichkeiten Kyffhausens seine Entscheidungen für diese Anlage.

Die beträchtliche räumliche Ausdehnung Kyffhausens macht den Zeitbedarf für den Wiederaufbau bis in die Regierungszeit Friedrich Barbarossas (um 1125; 1152–1190) hinein verständlich. Der markante Bergfried der Oberburg – einer der gewaltigsten bewohnbaren Befestigungstürme des Siedlungsraumes – wurde während Friedrichs Regierungszeit errichtet und trug im Volksmund bald die Bezeichnung Barbarossaturm (S. 41, 44/45). Die im 12. Jahrhundert gebaute Anlage leitete die Blütezeit Kyffhausens ein. Spätestens seit der Auswertung des Grabungsfeldes nach Abschluß der Arbeiten im Jahre 1938 war es Gotthard Neumann von der Universität Jena möglich, die unterschiedlichen Auffassungen über die Bezeichnung der Teilanlagen Kyffhausens auszuräumen. Seither sind die drei Abschnitte der 608 Meter langen und bis zu 66 Meter breiten, in westöstlichem Laufe auf dem Kyffhäuserburgberg angeordneten Anlage als Ober-, Mittel- und Unterburg endgültig benannt.

Das Tor der Unterburg,
Radierung, um 1820

Hermann Wäscher ist die bisher gründlichste Vermessung mit der gleichzeitigen Errechnung des Bauaufwandes zu danken (S. 38/39). Damit verfügen wir für die wiederaufgebaute Reichsburg über weitgehend stabile bautechnische Aussagen. Schon die Zahlen vermitteln das eindrucksvolle Bild einer für ihre Zeit gewaltigen Bauleistung. Lediglich in den vier kältesten Wintermonaten wurde die von Sittendorfer Bauern, Schweine- und Ziegenhirten aus Tilleda und vielen anderen einfachen Leuten der Umgebung getragene Arbeit eingestellt. Mechanische Hilfsmittel wie Aufzüge, Zangengreifer oder Treträder kannte man noch nicht. Die Transportleistungen, von Wäscher mit 71 000 Fuhren errechnet, gehörten im unwegsamen Gelände des Kyffhäusergebirges zu den kompliziertesten Aufgaben. Solche umfangreichen Arbeitslasten waren den Bewohnern zuvor noch nie aufgebürdet worden. Wäschers Ermittlungen ergeben 65 000 Kubikmeter Steinbruch- und 51 000 Kubikmeter Maurer- bzw. Steinmetzarbeiten. Die prächtige Anlage forderte anspruchsvolle Ausbauarbeiten. Bei einer Bauzeit von etwa 25 Jahren wären 250 ständige Arbeitskräfte anzusetzen. Nach dem im Jahre 1958 im

Johann Wolfgang von Goethe (1749–1832),
Kyffhäuserschlucht, Kreide-Federzeichnung,
Tuschlavierung, 1776 (?)

Kyffhäusergebiet gültigen Index errechnete Wäscher 15 Millionen Mark Baukosten. Auch diese Summe verdeutlicht die Bedeutung Kyffhausens.

Bereits im 15. Jahrhundert sprach man vom wüsten Schloß Kyffhausen. Auch diese Periode läßt sich wegen der dürftigen Überlieferungen nur lückenhaft nachvollziehen. Vermutlich war der Verfall zwar ein allmählicher, aber keinesfalls kontinuierlicher Prozeß. Durch zeitweilige Nutzung während des allgemeinen Niederganges der Gesamtanlage verzögerte sich der Verfall von Teilen der Anlage. Vielleicht gehört es zu Kyffhausens »Glücksfällen«, daß sich auch während der Verfallszeit Geschichte und Legende eng verwoben. Der »sagenhafte Berg« blieb mit den Menschen verbunden. Selbst die im Laufe der Jahrhunderte nun doch weitgehend verschüttete Burgruine lockte die Wanderer immer wieder auf die Kyffhäuserhöhe.

Der Tilledaer Gasthof »Zur Goldenen Gabel« beherbergte am 30. Mai 1776 berühmte Gäste. Großherzog Karl August von Sachsen-Weimar, Johann Wolfgang von Goethe und die Herren von Kalb und Wedell übernachteten in dieser einfachen Dorfwirtschaft. Am nächsten Morgen bestiegen sie schon vor drei Uhr den Kyffhäu-

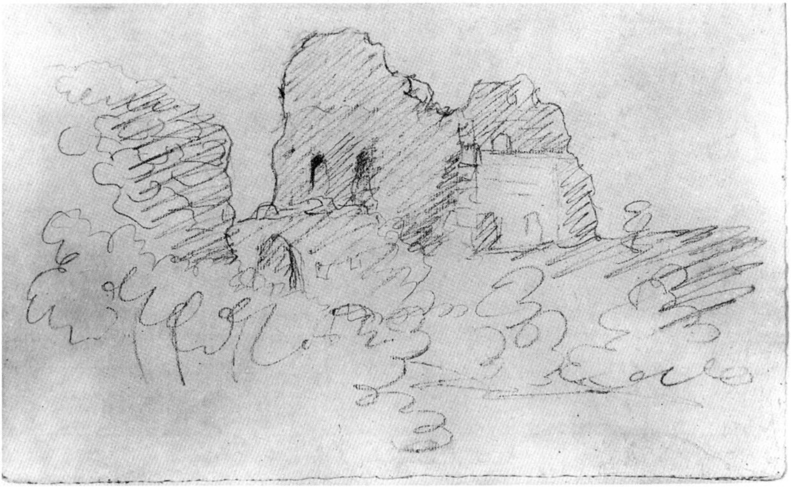

Johann Wolfgang von Goethe,
Kirchenruine auf dem Kyffhäuser,
Kreidezeichnung, 1776 (?)

ser, erlebten den Sonnenaufgang und durchwanderten die Ruinen der Burg. Dieses Erlebnis veranlaßte Goethe zu einer Skizze der Unterburgkapelle (oben) und zu einer Zeichnung einer Kyffhäuser-Felsenschlucht (S. 36). Ein übereifriger Jägerbursche »kontrollierte« die Herren. Sie hatten »ohne Erlaubnis den Kyffhäuser bestiegen«. Es entstand sogar ein Untersuchungsbericht und beschäftigte die Instanzen. Alles verlief gut. Was sollte oder wollte ein Jäger denn auch gegen einen Großherzog und Goethe ausrichten? Das Kyffhäusererlebnis beschäftigte offenbar auch noch den alten Goethe. Er hatte den interessanten geologischen Aufbau des kleinen Gebirges kennengelernt und wollte seine Mineraliensammlung mit einem Stück des im Kyffhäusermassiv auftretenden sogenannten versteinerten Holzes (verkieseltes Holz der Gattung Araucarioxylon) vervollständigen. Deshalb ließ er durch die Schwiegertochter seinem in Frankenhausen zur Kur weilenden Enkel in einem Brief vom 11. 6. 1830 mitteilen: »Der Apapa läßt Dir sagen, Du möchtest ihm vom Kyffhäuser ein tüchtig Stück versteinertes Holz mitbringen.« Der Wunsch wurde erfüllt.

Noch 1889 beklagt der Jenaer Universitätsprofessor Paul Lehfeldt in seiner Arbeit über die Bau- und Kunstdenkmäler Thüringens die

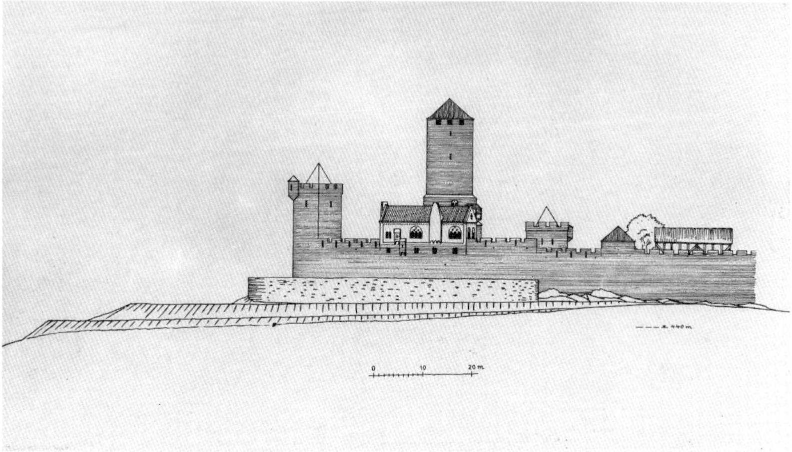

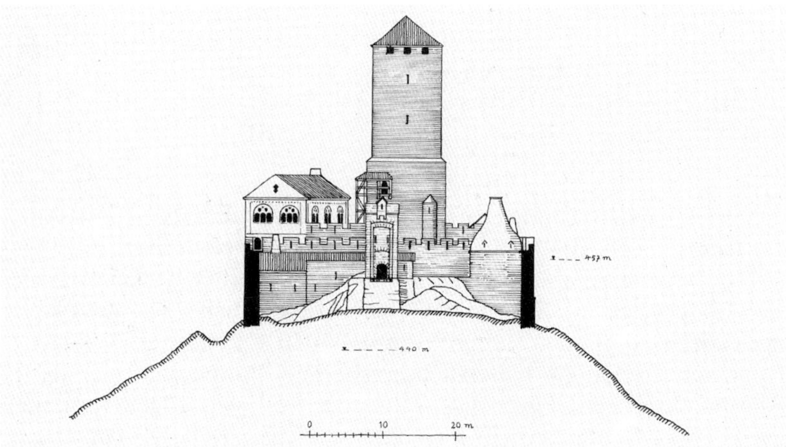

Oberburg, Südansicht (oben)
und Querschnitt nach Westen (unten),
Aufmaße und Zeichnungen von Hermann Wäscher

fortgeschrittene Zerstörung und das Überwachsen des »imponierenden Trümmerhaufens«. Schließlich kamen doch Ausgrabungen zustande. Der kommerzielle Betrieb eines Steinbruches wurde endlich eingestellt. Mit dem Bau des Kaiser-Wilhelm-Denkmals wuchs das Interesse am Kyffhäuser. Leider fiel nahezu die gesamte östliche Oberburg dem Denkmalbau zum Opfer, ohne vorher wissenschaft-

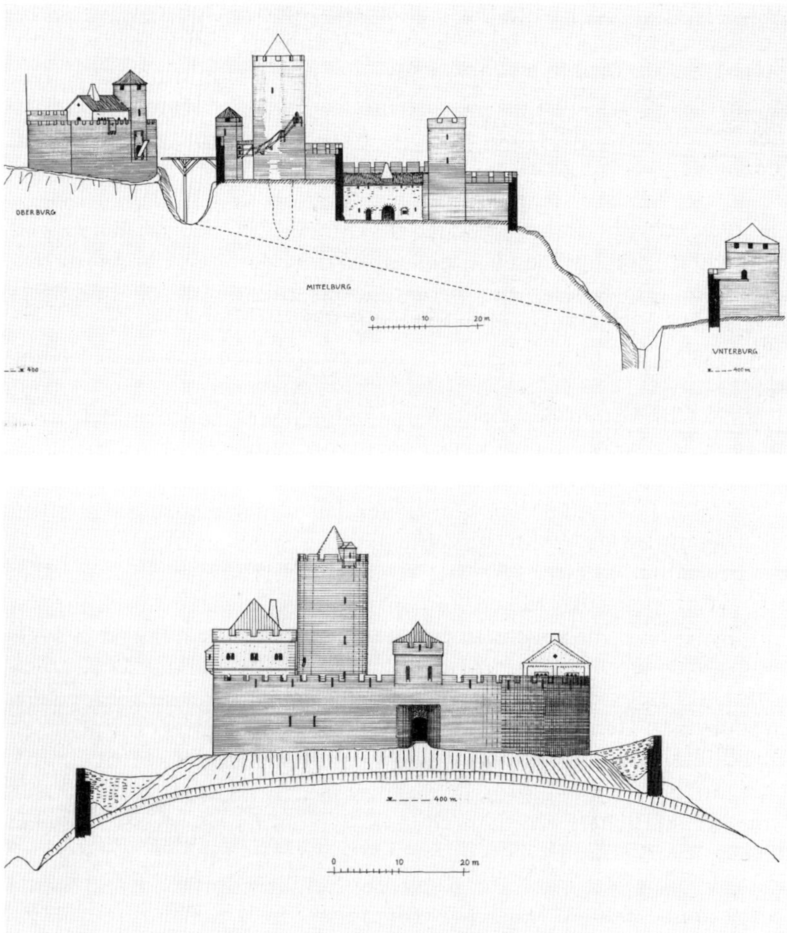

Längsschnitt durch die Mittelburg (oben)
und Unterburg, Westansicht (unten),
Aufmaße und Zeichnungen von Hermann Wäscher

lich aufgenommen worden zu sein. Trotz aller Einschränkungen haben wir durch die Ausgrabungen und mit ihnen verbundene Rekonstruktionsarbeiten einen gründlichen Einblick in die imposante romanische Anlage. Wir wollen sie ein wenig näher beschauen.

Offenkundig stand bei den Bezeichnungen Ober-, Mittel- und Unterburg der nach Osten abfallende Bergsporn Pate. Die Unterburg ist schärfer von der Mittelburg als diese von der Oberburg getrennt. An der nach 1118 wiedererrichteten Anlage gab es keine wesentlichen späteren Veränderungen oder nennenswerte Einbauten. Das macht diese Burgsubstanz so wertvoll, weil hier der ursprüngliche romanische Charakter erhalten blieb. Mauertürme und Zwingeranlagen suchen wir vergeblich. Dagegen sind einfache Toranlagen – unter ihnen zwei der heute seltenen Kammertore (S. 43, 47) – erhalten. Der Rücken des Burgberges ist zusammen mit den östlichen und westlichen Außengräben achtmal, ohne diese Gräben viermal durchschnitten. Das erhöhte die Verteidigungskraft der Burg. Die Bergfriede der Burganlage erhielten alle generell ihren Standort auf dem schmalen Felsgrat. Wohnbauten gruppierten sich an den Ringmauern.

Viele Chronisten des Denkmalbaus bedauern den Eingriff in die mittelalterliche Ruinensubstanz, dem prächtige Bauten der Oberburg zum Opfer fielen. Zu ihnen gehörten insbesondere eine Kirche, ein sorgfältig ummauerter viereckiger Turm, der eindrucksvolle Rittersaal und einige Wohn- beziehungsweise Wirtschaftsgebäude. Von der ursprünglich etwa 350 Meter langen Oberburg bleiben deshalb heute nur gegen 65 Meter. Immerhin ist in diesem Abschnitt der 176 Meter tiefe Burgbrunnen erhalten. Auch während langer Belagerungszeiten sicherte er im Mittelalter die lebenswichtige Wasserversorgung. In den dreißiger Jahren freigelegt und rekonstruiert, gehört er seither zu den Besuchermagneten des Kyffhäusers. Im gleichen Gelände erfreut die Erhaltung des Erfurter Tores (S. 43). Gemeinsam mit dem Eingangstor der Unterburg (S. 47) gehört es zu den baugeschichtlichen Kostbarkeiten Kyffhausens. Beide Toranlagen demonstrieren romanische Burgenbaukunst. Es sind einfache Kammertore ohne Zugbrücken. Auch die Schlupfpforten des späteren Burgenbaus fehlen. Die beispielsweise im Unterburgtor eingebrachte Scharte diente offenbar lediglich als Sehschlitz. Die Verteidigung solcher Tore erfolgte von oben, von den Zinnen und Wehrgängen aus. Über den Tordurchgang waren noch ein bis zwei Geschosse gebaut. Die heutige Treppenanlage am Erfurter Tor (S. 43) gehört nicht zum mittelalterlichen Aufbau, sondern entstand im Zusammenhang mit dem Denkmalbau.

Die Oberburg war vom Ursprung her dreigeteilt. Das Erfurter Tor ermöglichte den Zugang zum östlichen Teil. Ein mittlerer Teil umfaßte den erwähnten Burgbrunnen, vermutlich ein größeres Palasgebäude und andere Anlagen, von denen nur noch spärlichste Reste nachweisbar sind. Über einen Abschnittsgraben und eine Zugbrücke führte der Zugang zur relativ kompakt erhaltenen Westspitze

Oberburg, Bergfried (Barbarossaturm),
im Hintergrund das Kaiser-Wilhelm-Denkmal

der Anlage. Dieser westliche Abschnitt war vorwiegend auf Verteidigung eingerichtet. Die Ruine des viereckigen Bergfriedes, des sogenannten Barbarossaturmes, prägt das die Landschaft weithin beherrschende Bild der Oberburg. Im bewohnbaren und stark befestigten Barbarossaturm gab es einen sicheren Schutz. Mit Seitenlängen von 10,2 mal 10,8 Meter hatte der Bergfried einen nahezu quadratischen Grundriß. Sein Mauerwerk erreichte eine Stärke zwischen 2,8 und 3,2 Meter. Drei Wohngeschosse mit beachtlichem Wohnkomfort für die damalige Zeit (Kamine, Aborterker) überlagerten das Untergeschoß. Die erstaunliche Höhe von etwa 30 Metern dürfte geholfen haben, im Oberburgturm das Wahrzeichen der Reichsburg zu sehen. Der Bergfried besaß mit dem fensterlos aufgebauten Untergeschoß eine ausgezeichnete Wehranlage. Es wird davon ausgegangen, daß die ausgedehnte ursprüngliche Oberburg drei Bergfriede trug. Alle erfüllten Schutz- und Verteidigungsaufgaben. Die Standorte der restlichen beiden, am Ende des vergangenen Jahrhunderts zerstörten Türme lagen in der Nähe des Erfurter Tores und gegenüber dem Rundturm der Mittelburg an der östlichen Begrenzung der Oberburg.

Die Grabungen an der Oberburg brachten weitere interessante Ergebnisse. Dazu gehört die in gewisser Vollständigkeit erhaltene westliche Ringmauer (S. 44/45). Erwähnenswert sind außerdem die Ruinen des dreiteiligen, mehrgeschossigen Palas, des im Graben errichteten Torhauses, mindestens zweier Wohngebäude und einiger Wirtschaftsräume direkt an der Ringmauer. Gegen die westlich an die Oberburg anschließende Hochfläche schützten drei Wälle und Gräben. Vermutlich sind zwei Bauperioden für die Entstehung der Oberburg anzusetzen. Während die erste Phase zeitlich nicht exakt erfaßt werden kann, wird für den zweiten Abschnitt allgemein die zweite Hälfte des 12. Jahrhunderts angegeben.

Auf dem Wege zur Unterburg liegen die spärlichen Überreste der Mittelburg (S. 49). Ein vorwiegend im 17. und 18. Jahrhundert auf diesem Gelände betriebener Mühlsteinbruch zerstörte die Mittelburgruinen fast völlig. Übrig blieben ein langgestrecktes Mauerstück, Teile eines mehrgeschossigen quadratischen Turmes und die Ruine eines Rundturmes. Die Herstellung von Mühlsteinen hatten die Schwarzburger Fürsten durch entsprechende Lehen unterstützt. Aus der Zeit des Denkmalbaus wurde bekannt, daß Architekt Lindemann an der Mittelburg Ausgrabungen vornahm. In seinem Nachlaß fanden sich einige Sachzeugen, die auf einen kirchlichen Bau und auch den Palas schließen lassen. Solche Nachrichten sind bisher unbewiesen. Außer Lindemanns Fundmaterial existieren

Oberburg, Erfurter Tor

Seiten 44/45:
Oberburg,
Reste der Burganlage mit Bergfried

keine weiteren Nachweise. Immerhin dürften die damals ausgegrabenen Fußboden-Mosaike durchaus mit entsprechenden profanen oder kirchlichen Bauten in Verbindung gebracht werden können.

Der Mittelburg war die Unterburg etwa 50 Meter tiefer östlich vorgelagert. Vor dem Eintritt in die Unterburgruinen durch das einfache Kammertor an der Westseite findet die festgefügte Ringmauer das Interesse der Besucher. An der Nordseite ist diese Wehrmauer streckenweise noch in der ursprünglichen Höhe von 10,65 Meter erhalten. Im westlichen Innenbereich der Anlage fallen als markanteste Baureste die Ruinen eines stattlichen Wohnbaus, eines Wohnturmes und eines runden Bergfriedes der Unterburg ins Auge. Diese Baugruppe wurde ursprünglich durch Wachgebäude und einige Wirtschaftsgebäude mit kleinen Werkstätten – beispielsweise die Schmiede – ergänzt. Aus diesem Bereich ist heute lediglich ein Stumpf von etwa fünf Meter Höhe erhalten, Ruinenrest des ehemaligen runden Bergfrieds. Er gleicht anderen Befestigungsanlagen

jener Zeit. Damals bot er mit einem Durchmesser von annähernd elf Metern, den bis zu 3,5 Meter starken Mauern und einer Höhe von 25 bis 30 Metern ausreichenden Schutz und Unterbringungsmöglichkeiten.

Den Bauten hinter dem Kammertor schließen sich die Ruinen des östlichen Teils an und vervollständigen das eindrucksvolle Bild der weiträumigen Anlage (S. 56/57). Bis heute gut auszumachen sind die Burgkapelle »Zum heiligen Kreuz« (S. 51), ein Wohnbau, einige Wirtschaftsbauten, der südlich gelegene Palasbau und ein Rundturm in der Nähe einer Sickerzisterne, manchmal auch als Rundkapelle identifiziert. Andere Ansichten interpretieren den Turm als Bergfried aus der Entstehungszeit der Unterburg, als der Schutz der Tilledaer Kaiserpfalz zu den wesentlichen Aufgaben gehörte. Wäschers Vergleiche mit anderen Burgen sprechen für eine Rundkapelle, zumal die Mauerstärke dieses Gebäudes die für Bergfriede üblichen Maße weit unterschreitet. Der oft als Burgverlies angesehene Schacht könnte ein Reliquienschacht gewesen sein (S. 53). Die Ansichten darüber sind jedoch recht unterschiedlich. Selbst Wäscher hält auch einen Küchenbau für möglich.

Wichtigste Anlage im östlichen Burgteil ist die erwähnte Burgkapelle an der nördlichen Ringmauer. Ihr dreigliedriger Grundriß mit Schiff, Chor und Apsis ist dem vieler romanischer Dorfkirchen vergleichbar. Lehfeldt beschreibt den Zustand vor 1890, als fortgeschrittene Zerstörung, Verschüttung und Überwachsen die genaue Erfassung der einzelnen Bauteile stark behinderten: »Von der Apsis steht ein Stück der Ostmauer, ferner das Weststück des Chor-Rechtecks mit den Anfängen des rippenlosen Kreuzgewölbes, der Triumphbogen mit der einfachen Profilierung der Kämpfergesimse seiner Pfeiler und Mauerwerk und Öffnungen vom Langhaus.« Wäscher verfügte über die Ergebnisse umfänglicher Grabungsarbeiten und seiner eigenen Untersuchungen. Er weist nach, daß der Bau nachträglich errichtet wurde. Das wird mit der Mauer des Kirchenschiffes begründet, die »mit ihrer Nordseite auf die Zinnen der Ringmauer gesetzt und die Chormauer an diese angelehnt worden« ist. Einen weiteren Beweis sieht er in der Tatsache, daß der Bau »auf eine eigene Westwand verzichtet und die Ostwand eines wohnturmähnlichen Palasbaus benutzt. Die schießschartenähnlichen Lichtschlitze in diesem sind durch den Kapellenbau verdeckt worden.« Vermutlich liegen in den standortbedingten Aufgaben der Burg die Ursachen, daß der Wehrgang der Unterburgtrennmauer durch die Kapelle hindurchgeführt wurde. Der Burgherr und sein Gefolge erreichten diesen Gang, welcher wahrscheinlich gleichzeitig

Unterburg, Eingangstor

als Kapellenempore diente, bequem vom ersten Stock des Palasgebäudes aus. Graf Heinrich von Schwarzburg ordnete 1433 die Wiederherstellung der offensichtlich verfallenden Kapelle an. Ausgestattet mit zwei Altären, der Jungfrau Maria und den Aposteln Petrus und Paulus geweiht, erlebte sie Sonntag Kantate – vier Wochen nach dem Osterfest – 1433 die Weihe als Wallfahrtsort. Das wundertätige hölzerne Kreuz und ein großzügiger Ablaß führten fromme Pilger etwa ein Jahrhundert bis zur Reformation zum Kyffhäuser.

Der Umbau der Burgkapelle beeinflußte das baugeschichtlich einheitliche Bild Kyffhausens ein wenig. Die Bauperioden der Unterburg gehören ausnahmslos der romanischen Zeit an. Lediglich der Wohnturm neben der Kapelle erhielt mit dem Portal an seiner südlichen Seite und einigen Fenstern gotische Elemente.

Trotz der Substanzverluste durch Steinbruch und Denkmalbau läßt bis heute das mächtige Ruinengefüge auf dem Burgberg keinen Zweifel an der überregionalen Funktion der Reichsburg Kyffhausen, die auch östlich der Unterburg durch zwei Gräben und einen Wall mit Stützmauer zusätzlichen äußeren Schutz fand. Mit Kyffhausen blieb eine Anlage erhalten, die ihre Blütezeit im hohen Mittelalter fand und danach verfiel.

An Kyffhausen sind die Elemente der Burgenbaukunst recht gut nachzuvollziehen. Besonders die umlaufenden, grundsätzlich aus Steinen gemauerten und gemörtelten Ringmauern vermitteln noch heute einen relativ geschlossenen Eindruck. Beachtung finden die leider nur noch geringen Spuren einstiger Zinnenkränze und Schmuckornamente. Schließlich soll auf die Eleganz des vorwiegend in der Stauferzeit gebräuchlichen sogenannten Buckelquadermauerwerkes verwiesen werden. Seine Strukturen lassen sich noch gut am Barbarossaturm erkennen. Das dazu verwendete rote Gestein fand man an Ort und Stelle. Die Schauseite dieses Werksteines wurde roh behauen. Die Außenansicht des geschlossenen Mauerwerks erweckte beim Betrachter einen harmonischen, in sich geschlossenen Eindruck.

An der aktiven Rolle Kyffhausens als Königsburg bestehen keine Zweifel. Der Nachweis von Reichsministerialen auf dem Kyffhäuser weist die Bedeutung der Anlage für die Sicherung und Erweiterung des Krongutes nach. Ministeriale waren zunächst unfreie Dienstmannen im Königsdienst. Allmählich stiegen sie – mit entsprechenden Einkünften und Lehen versehen – ebenbürtig an der Seite des Adels als königliche Verwalter von Hofämtern zu wichtigen Helfern der Herrscher auf. Seit Konrad II. war dieser Dienstadel zur ein-

Ruine der Mittelburg

flußreichen Stütze königlicher Gewalt geworden. Urkundlich sind für Kyffhausen seit 1147 Ministeriale nachgewiesen. Gelegentlich bezeugen sie in diesen Dokumenten die Rechtsverbindlichkeit von Belehnungen oder Kaufhandlungen. Eine Urkunde Konrads III. (um 1093; 1138–1152) nennt den Ministerialen Gerwig. Sechs Jahre später erwähnt ihn Friedrich Barbarossa als Gerewich von Kyffhausen. In einer Urkunde von 1157 ist ein Friedrich von Kyffhausen als Zeuge belegt. Als weitere Ministeriale Kyffhausens sind 1168 Henricus de Kuffese, 1188 Hugold, 1189 (?) Gero, 1222 Heinrich und 1239 Heinrich der Jüngere von Mildenstein überliefert. Obzwar die Urkunden über den Kyffhäuser spärlich fließen, ist die Reichsministerialität für etwa 100 Jahre unmittelbar bezeugt. Das war offensichtlich auch die Blütezeit der Burg. Da für die Pfalz Tilleda direkt keine Ministerialen genannt werden, ist zu vermuten, daß den Dienstherren auf Kyffhausen auch die Verwaltung der Kaiserpfalz übertragen war.

Ohne Zweifel förderte die Ministerialität – zuweilen auch als Königsministerialität bezeichnet – die kaiserliche Zentralgewalt im nördlichen Thüringen. Kyffhausen war eine ihrer Stützen in einer Region, die zum Sammelpunkt auch landesfürstlicher Interessen gehörte. Das mag insbesondere Friedrich I. zu zahlreichen Handlungen königlicher Krongutpolitik in diesem Raum veranlaßt haben, obwohl die Territorien um die Goldene Aue nicht zu den Kerngebieten der staufischen Herrscher gehörten. So hielt Barbarossa 1169 in Wallhausen einen Hoftag ab. 1174 ist sein Aufenthalt in Tilleda erwähnt. Friedrich I. und Heinrich VI. (1165; 1190–1197) hielten sich zwischen 1180 und 1195 dreimal in Nordhausen, zweimal in Allstedt und je einmal in Tilleda auf. Tilleda war dann auch 1194 Schauplatz der Aussöhnung zwischen Heinrich VI. und Heinrich dem Löwen. Ernst Anemüllers Ansicht, Kaiser Rotbart habe während seines Aufenthaltes im Oktober 1174 »die stolze Warte auf der Höhe des Berges« besucht, ist dokumentarisch nicht belegt. Auch für Erich Karwieses Angabe eines Barbarossaaufenthaltes auf dem Kyffhäuser fehlt der urkundliche Nachweis. Ein Besuch deutscher Könige und Kaiser auf dem Kyffhäuser ist demnach nicht belegt.

Rotbarts Enkelsohn Friedrich II. (1194; 1211 oder 1212–1250) brachte dem Harzer Krongut weniger Aufmerksamkeit entgegen als sein Großvater. Es zeigte sich, daß der Kyffhäuser nicht zum engen territorialen Zentrum der Staufer gehörte. Das Band zwischen Herrscher und Ministerialen lockerte sich. Stärker als Barbarossa es getan hatte, richtete Friedrich II. seine Aufmerksamkeit auf das in einem breiten Gürtel von Nürnberg bis Altenburg gelegene staufische Reichsland. Die Zeit der territorialen Partikularbestrebungen war gekommen. Sie wurde von kaiserlichen Zugeständnissen begünstigt, die dem Herrscher den Rücken für die Italienpolitik freihalten sollten. Die Italienzüge der deutschen Herrscher, die Auseinandersetzungen mit der Papstkirche und den Städten führten dazu, daß sich die politischen und militärischen Kräfte im Süden konzentrierten. Das hatte Folgen auch für Kyffhausen. Das zentrale Interesse am schmalen Harzer Krongutstreifen ließ nach. Noch vor 1250 war es möglich, daß von Ministerialen verwaltete Besitzungen in die Herrschaft gräflicher Geschlechter gelangten. Selbst geistliche Feudalkräfte waren zum Erwerb von Reichsbesitz berechtigt. Es entstand eine dezentralisierte, von den territorialen Fürsten bedrängte Ministerialität, die den Rückhalt im König verloren hatte. In der Goldenen Aue ansässige Territorialfürsten hielten die Zeit für gekommen, ihren Besitz zu vergrößern. Der Glanz kaiserlicher Autorität verblaßte. Zu oft hielten sich die Herrscher außerhalb Deutschlands auf. Immerhin verbrachten die deutschen Herrscher von den 102 Regierungsjahren zwischen 1152 und 1254 reichlich 49 Jahre in Italien.

Unterburg mit Kapelle

Trotz der Anzeichen beginnenden Niederganges kann die Herrschaft der Staufer als Blütezeit der Kyffhäuserburgen bezeichnet werden. Der Höhepunkt glänzender Machtfülle unter Kaiser Barbarossa war schon überschritten, als der Herrscher während seines Kreuzzuges starb. Er ertrank im Juni 1190 im Alter von 69 Jahren im kleinasiatischen Fluß Saleph. Keiner der anderen mittelalterlichen deutschen Kaiser wurde so alt wie er. Länger als jeder seiner Vorgänger – 38 Jahre – lenkte er die Geschicke des Reiches. Trotz der Bemühungen seiner Nachfolger war das Ende staufischer Königsmacht nicht aufzuhalten. Schon 1197 starb Heinrich VI. an einer Infektionserkrankung in Messina. Die Regierungszeit Friedrichs II. war weder erfolglos noch frei von Extremen. Zu Friedrichs Herrschaft gehörten der ständige und unerbittliche Kampf gegen die universalen Ansprüche der Päpste und die Toleranz gegenüber dem wachsenden Egoismus der Landesfürsten ebenso wie die Verkennung des positiven Einflusses einer kräftigen Entwicklung der Städte. Auch Friedrich starb unerwartet. Er erlag im Dezember 1250 in Süditalien der Ruhr. Mit ihm ging das staufische Kaisertum praktisch zu Ende. Der letzte Staufer – Konradin – wurde 1268 öffentlich hingerichtet. Es begann die schreckliche Zeit des Interregnums von 1256 bis 1273, manchmal in den Schilderungen historisch nicht ganz exakt als »kaiserlose Zeit« bezeichnet. Beklagenswert an dieser Periode dürfte nicht das Fehlen eines regierenden Kaisers gewesen sein, sondern die folgende politische Zersplitterung des deutschen Territoriums. Die vielen Chronisten dieser Zeit nennen uns die schrecklichsten Attribute der fehdenreichen Jahre des Interregnums: Raub, Plünderung, verlassene Höfe, Verfall der Sitten, wüstes Land, Seuchen, Folter, Fron, soziale Bedrückung und Anarchie.

Die allgemeine Entwicklung änderte natürlich auch das politische und soziale Gesicht des um die Goldene Aue gelegenen Gebietes. Tilleda verlor seinen Pfalzcharakter. Zwar fehlt der urkundliche Nachweis, wann die Ministerialen aus der Reichsburg Kyffhausen verdrängt wurden, aber man darf davon ausgehen, daß Kyffhausen spätestens zur Mitte des 13. Jahrhunderts im praktischen Wirken nicht mehr an die Beziehungen und Regelungen reichsunmittelbarer Verantwortung gebunden war. Die Burg stand nun den zahllosen Auseinandersetzungen gegenüber, die der thüringische Raum als politisch besonders zerrissenes Gebiet hervorbrachte. Die mittelalterliche Krongutpolitik hatte sich nicht durchgesetzt.

Die Königswahl Rudolfs I. von Habsburg (1218; 1273–1291) beendete das Interregnum. Rudolf bemühte sich, dem Königtum verlorenen Besitz und geschwundenen Einfluß zurückzugewinnen. Das

Unterburg, Teil der Rundkapelle (?),
im Hintergrund Burgkapelle

war aber letzten Endes immer nur dann möglich, wenn der König die in der politischen Praxis entstandenen landesfürstlichen Realitäten weitgehend akzeptierte. Zwischen Harz und Kyffhäuser wucherte der Partikularismus zahlreicher Einzelherrschaften recht kräftig. Den Herzögen von Sachsen und Braunschweig hatte Rudolf 1277 die Verweserschaft über Reichsbesitzungen und -rechte in Sachsen und Thüringen übertragen. Vermutlich wollte er die Beichlinger Grafen mit einer ähnlichen Lösung für das Gebiet der Goldenen Aue betrauen, denn bereits 1281 hatte Graf Friedrich von Beichlingen als Burggraf des römischen Königs zu »Kyffhausen« eine Urkunde ausgestellt. Hesse erwähnt Friedrich den Älteren von Beichlingen als »kaiserlichen Burggrafen zu Kyffhausen«, welcher von Rudolf beauftragt war, »zu untersuchen, ob vielleicht in dem seiner Gerichtsbarkeit anvertrauten Bezirk durch Lösung des Lehnsverbandes die Rechte der Teutschen Krone geschmälert worden wären«. 1290 ist der Beichlinger erstmals in einer königlichen Urkunde als Zeuge genannt. Ein Jahr später belegt eine Walkenrieder Klosterurkunde seine neue Würde: »Comes Dei gratia de Bychelingen, burchravius serenissimi domini Romanorum regis in Kuffese« (von Gottes Gnaden Graf von Beichlingen, Burggraf des erlauchtesten Römischen Königs zu Kyffhausen). Die Reichsministerialen waren von königlichen beziehungsweise kaiserlichen Burggrafen abgelöst worden. Dennoch hatte Kyffhausen seinen rechtlichen Status als Reichsgut noch nicht verloren. Dieser Fall trat erst ein, als der König die Burg als Erbgut überließ. Zwischen Reichs- und Erbgut sah man in der Realität allerdings keine nennenswerten Unterschiede, denn bereits als Burggraf schaltete Friedrich recht eigenmächtig. Hermann Ferschke verweist darauf, daß Friedrich es bereits durchsetzte, »daß ihm die Burg schließlich als Erbgut überlassen wurde, obgleich spätere Kaiser stets dagegen, jedoch ohne Erfolg, Einspruch erhoben«. Ferschke charakterisierte die Beichlinger Herrschaft als »unruhig und spekulativ«. Dies deckt sich mit der Feststellung Eberhardts, daß die Beichlinger die Entfremdung des Krongutes anstrebten. Nach unserem gegenwärtigen Kenntnisstand verkündete Friedrich seinen Burggrafentitel nur einmal in der erwähnten Urkunde. Daraus ist ersichtlich, daß die Beichlinger Grafen nicht daran interessiert waren, den Amtscharakter eines königlichen Burggrafen hervorzuheben und somit auf diese Weise die Eigentumsrechte des Reiches an Kyffhausen zu bestätigen. Sie strebten nach Rechten und Privilegien und erreichten beispielsweise mit dem Münzrecht ein für die wirtschaftliche Stärkung der Grafschaft bedeutungsvolles Zugeständnis. Auf der anderen Seite gehörten aber

Unterburg,
Ringmauer von Südosten

Seiten 56/57:
Unterburg, Unterbau der vermutlichen Rundkapelle
und Burgkapelle

Talerprägung aus der schwarzburgischen Münzstätte Frankenhausen, 1525, Avers (links) und Revers (rechts), Kreisheimatmuseum Bad Frankenhausen

auch Verkäufe, Pfändungen, Besitzwechsel und Lehnsspekulationen zum gräflich beichlingischen Alltag.

Die territorialen Machtkämpfe jener Zeit klammerten den Kyffhäuser nicht aus. In den Wirrnissen partikularer Auseinandersetzung blieb manche Belehnung in der Praxis wirkungslos. Dazu gehörten die Kaiser Ludwigs des Bayern (1282; 1314–1347) und Karls IV. (1316; 1346–1378), welche in den Jahren 1320 beziehungsweise 1348 die Anhaltiner mit dem Kyffhäuser belehnten. Spätestens zu dieser Zeit war demnach aus dem Reichsbesitz Reichslehen geworden. Wirksam dagegen wurde eine Verpfändung Kyffhausens 1347. Der ewig geldknappe Friedrich, einer der zahlreichen Beichlinger Grafen gleichen Namens, verpfändete Kyffhausen »mit den dazu gehörenden Dörfern und andere Besitzungen« an Graf Heinrich von Hohnstein, seinen Schwiegervater, für die Dauer seines Lebens. Nach bereits neun Jahren verstarb Friedrich. Seine Söhne erhielten entsprechend der damaligen Rechtsauffassung das Pfandgut zurück. Aber auch das hielt schließlich Beichlingens Niedergang nicht auf.

Die wettinischen Landgrafen von Thüringen entwickelten schließlich die besseren Beziehungen zur Krone und schoben sich zwischen Reich und Grafschaft Beichlingen. Das führte 1375 zur Belehnung Kyffhausens an die Grafen von Beichlingen durch die Wettiner. Bereits drei Jahre später mußten die Beichlinger den Kyffhäuser endgültig räumen, denn der Landgraf verpfändete die Burg an die

Schwarzburger Grafen. 1407 wurde daraus ein förmliches Lehen. Die Schwarzburger wurden verpflichtet, ohne Wissen des Landgrafen keine andere Burg auf dem Berge zu errichten. Man verlangte ferner, »sie mugen die wonunge, die da ist, wol bessern, das sie in wesen bliebe, als sie iczund ist« (sie mögen die dortige Wohnung gut ausbessern, damit sie besser als jetzt genutzt werden kann). Das deutet wohl auch schon auf den Verfall der Anlage hin. Auch der Eisenacher Mönch und Stadtschreiber Johannes Rothe, der 1434 starb, bezeichnet Kyffhausen in seiner »Düringischen Chronik« als »wüstes sloß«. Noch in der Mitte des 15. Jahrhunderts wirkten die Herren von Hacke als Schwarzburger Lehnsleute auf Kyffhausen, und zwar in einem Gebäude der Oberburg.

Die Besitzungen im Kyffhäusergebiet wurden zunächst von der Blankenburger Linie der Schwarzburger verwaltet. 1599 entstand als Folge einer Erbteilung die Grafschaft Schwarzburg-Rudolstadt. Zu ihr gehörte das Gebiet um Frankenhausen und den Kyffhäuser als Unterherrschaft. Nach der Erhebung der Schwarzburger in den Fürstenstand 1667 entfiel auch die formale Lehnsanhängigkeit gegenüber den wettinischen Landgrafen. Der Kyffhäuser war für Schwarzburg eigentlich zu keiner Zeit ein Besitztum am Rande. Trotzdem blieb der Verfall über lange Jahrzehnte hinweg praktisch programmiert, denn eine grundsätzliche Erhaltung der Burg überstieg die begrenzten Möglichkeiten eines kleinen Territorialstaates. Bis 1918 gehörte der Kyffhäuser zu Schwarzburg-Rudolstadt. Der politische Weg dieses Gebietes führte vom Freistaat Thüringen während der Weimarer Republik über das sogenannte Dritte Reich, die Sowjetische Besatzungszone nach dem Ende des zweiten Weltkrieges und die Deutsche Demokratische Republik bis zur Wiedervereinigung Deutschlands im Jahre 1990. Der Kyffhäuser gehört heute zum Kreis Artern im Bundesland Thüringen.

Barbarossasage

Der Niedergang des Stauferreiches brachte dem Volk bedrückende Not. Die Menschen wünschten sich geordnete soziale Verhältnisse und ersehnten ein friedvolles Leben. Diese Situation bereitete – besonders nach der Mitte des 13. Jahrhunderts – den Boden für eine Volksüberlieferung, deren Motive auch im Sagenschatz anderer Völker zu finden sind. Die Hoffnungen jener Zeit verknüpften sich mit den Erwartungen nach einer starken und gerechten Obrigkeit und mündeten in Volkssagen vom wiederkehrenden Kaiser. Daraus entwickelte sich im Laufe der Zeit ein blühender Sagenkranz. Seine eigenständigen Inhalte erhielten Impulse aus morgenländischen Sagen, aus der germanischen Mythologie um die alten Gottheiten Wodan, Thor und Freya sowie der christlichen Religion. Lange blieben die vorwiegend mündlich tradierten Erzählungen auf religiöse Erwartungen oder Reformhoffnungen begrenzt. Mehr und mehr aber keimten soziale und selbst politische Wünsche an der Seite religiöser Elemente. Chronikalisches Material belebte den Inhalt der Kaisersage, die nach ihrer Lokalisierung auf beziehungsweise in den Kyffhäuser auch als Kyffhäuser- oder Barbarossasage bekannt ist.

In den Überlieferungen der Kaisersage hören oder lesen wir von einfachen Menschen, die gerade wegen ihrer recht bescheidenen Wünsche verständnisvolles Mitgefühl finden. Die kraftvollen Gestalten des Volkes stehen neben den Sagenkaisern. Sie äußern ihre Erwartungen und handeln danach. In die Kyffhäusersage floß auf diese Weise Erzählgut ausgeprägt sozialen Gehaltes.

Im Laufe ihrer Tradierung verband sich die Kyffhäusersage mit den beiden bedeutendsten staufischen Kaisern, Friedrich I. Barbarossa und Friedrich II. Die Volksüberlieferung trug den Sagenstoff in einem langen, von Ausschmückungen, Übersteigerungen und Entstellungen nicht freien Weg über die Jahrhunderte.

Friedrich II. starb 1250 in Fiorentino. Der Nachfolger Konrad IV. (1228; 1250–1254) folgte ihm vier Jahre später, weit vor seinem 30. Geburtstag. Er hinterließ den unmündigen Konradin, welcher 1267 die Wiederherstellung des staufischen Kaisertums versuchte. Karl von Anjou besiegte Konradin und ließ den gefangenen Herrscher mit dem Beil hinrichten. Das Papsttum hatte sein beschworenes Vorhaben, »die staufische Vipernbrut auszurotten«,

Barbarossa im Kyffhäuser,
Illustration von Adolf Erhard,
aus: Deutsches Balladenbuch, Leipzig, 1852

erreicht. Noch in der Mitte des 13. Jahrhunderts kamen – vor allem wohl beeinflußt von den erwähnten politischen und klerikalen Wirren – Zweifel und Unglaube am Tod Friedrichs II. auf. Man nahm an, der Kaiser sei nicht gestorben, sondern halte sich vor dem Papst und dessen Anhängern verborgen. Dieses Gerücht fand in den Wünschen des Volkes einen günstigen Nährboden und hielt sich lange. Einige Überlieferungen stärkten die Zweifel am Tod des Herrschers. Zu ihnen gehörten beispielsweise die Sibyllinischen Weissagungen (gereimte Weissagungssprüche, die ihre inhaltliche Basis aus römischen, griechischen und jüdisch-christlichen Kulturkreisen schöpfen und voraussagend die Zukunft verkünden). In einem dieser Sprüche heißt es, der Kaiser würde seine Augen durch einen verborgenen, dunklen und geheimnisvollen Tod schließen, das heißt still und geheim sterben. Es würde von ihm unter den Völkern heißen: Vivit et non vivit! (Er lebt und lebt nicht!). Karl Wehrhan erwähnt in seiner umfangreichen sagengeschichtlichen Untersuchung: »In einem florentinischen Archiv (De Contrati) findet sich ein höchst bezeichnender Kauf vom 10. August 1257 und vom 28. August 1257 erwähnt, wonach zwei Edelleute einem Goldschmiede zwei Scheffel Getreide versprachen, wenn er feststellen könnte, ob der totgesagte Friedrich II. noch lebte.« Um 1284 schrieb der italienische Minoritenbruder Salimbene, »die Nachricht vom Tode des Kaisers hätte vielfach keinen Glauben gefunden.« Auch Albrecht Timm verfolgt diese Problematik. Aus der Repkowschen Chronik erwähnt er aus einer während der zweiten Hälfte des 13. Jahrhunderts für das Jahr 1250 verfaßten Redaktion die Bemerkung, daß ein Teil des Volkes lange die Todesnachricht bezweifelte. Auch die vermutlich kurz nach 1250 entstandene gereimte Weltchronik berichtet über Zweifel und »strit« zum Tod Friedrichs. Schließlich äußert auch die bayrische Fortsetzung der Weltchronik solche Bedenken. Das erst zu Beginn des 14. Jahrhunderts abgeschlossene Werk bekundet zum Jahre 1250: »Sie begruben den Kaiser in der Stadt Fungia so heimlich am St. Lucientag, daß genug Leute und Herren in mancherlei Landen wohl 40 Jahre der Meinung waren, er sei nicht tot und seiner warteten, daß er sollte wieder reichsen mit solcher Gewalt und Heereskraft als er wohl 33 Jahre getan hatte.«

Von solchen Zweifeln profitierten im Laufe der Zeit mehrere »falsche Friedriche«. Bereits 1261 wurde in Sizilien das Heer eines falschen Friedrich vernichtet, der im Ätna hauste. Er wurde während des Kampfes getötet. 1287 tauchte eine solche Person in Lübeck auf. König Adolf von Nassau (um 1250; 1292–1298) ließ 1295 einen falschen Friedrich kurzerhand in Eßlingen verbrennen. In den Kolmarer Jahrbüchern findet sich zu 1284 ein Hinweis, daß sich der Einsiedler Heinrich für Kaiser Friedrich II. ausgegeben habe. Am Niederrhein hinterließ Tile Kolup die nachhaltigste Wirkung. In Wetzlar, Neuß und anderen Städten gab er sich als Kaiser Friedrich aus, speiste aus goldenem Geschirr, zitierte den Mainzer Erzbischof zu einer Unterredung herbei und gewann im Volk großen Zulauf. 1285 ließ ihn Rudolf von Habsburg in Wetzlar verbrennen. Aber auch nach seinem Tode kursierte die Legende, daß er der rechte Friedrich sei, denn in seiner Asche seien keine Knochen gewesen. Wesentlich später wurde dann auch der Kyffhäuser von einem falschen Friedrich »beehrt«. Im Februar 1546 durcheilte die Kunde vom wiedergekehrten Kaiser Friedrich die Städte und Dörfer des Kyffhäuserlandes. So verhältnismäßig kurz nach dem Bauernkrieg reagierte die Obrigkeit sofort. Einige Beamte begaben sich zum Kyffhäuser. Das einfache Volk pilgerte zum Berg. Martin Luther, dem diese Nachricht auf dem Sterbelager in Eisleben überbracht wurde, soll geäußert haben: »Ich weiß nicht, was ich davon soll halten, der Teufel hat vormals mehr den Leuten eine Nasen gemacht.«

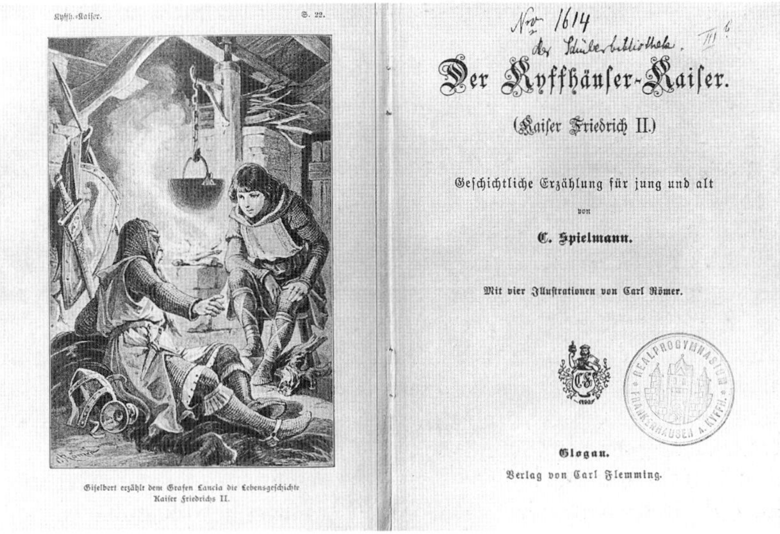

C. Spielmann: Der Kyffhäuser-Kaiser,
Glogau, o. J.,
Titelseite und Frontispiz

Es klärte sich alles auf. In den Kyffhäuserruinen saß nicht Kaiser Friedrich, sondern der geisteskranke Schneider Johannes Leupold aus Langensalza. Landvogt und Kanzleiverwalter der schwarzburgischen Regierung verhafteten ihn. Widerstandslos ließ sich der friedliche Schneider ins Gefängnis abführen. Aber selbst der sächsische Kurfürst und der Herzog von Preußen ließen sich über Leupolds Auftreten berichten.

Im 14. Jahrhundert war die Sage noch nicht eindeutig lokalisiert. Bis zur Mitte dieses Jahrhunderts bekannte Überlieferungen, das Wirken falscher Friedriche und die allgemeinen äußeren Lebensbedingungen der Menschen gaben der Sage sozialkritische Züge, die der inhaltlichen Tradierung lange verhaftet blieben. Zunächst zog das Volk offensichtlich auch keine Grenzen zu den falschen Friedrichen. Fr. Guntram Schultheiß rekonstruierte den frühen Sageninhalt. Eine Aufzeichnung der Kaisersage um 1350 würde etwa so lauten: »Der Kaiser Friedrich II. war ein mächtiger und weiser Herrscher über das römische Reich in Deutschland und Italien, und war auch König in Sizilien von seinem Vater und in Palästina durch einen Zug übers Meer. Ihm waren viele geheime Dinge kund, so daß ihm auch die Sarazenen gerne dienten, und er besaß einen Ring, der ihn unsichtbar machte, wenn er wollte, und einen Zauber gegen das Feuer und einen Zaubertrank zur Verjüngung. Er hätte auch dem rechten apostolischen Christentum zur Herrschaft geholfen; aber der Erzbischof zu Rom war so mächtig, daß auch der Kaiser seinen Bann fürchten mußte, und er brachte den Kaiser dazu, daß er Gesetze gegen die Armen von Lyon und andere gute Christen erließ. Und es kam dann ein anderer Papst, der war dem Kaiser noch mehr feind und verkündete, er sei aller seiner Rechte verlustig, weil er anderes glaube und tue, als die römische Kirche vorschrieb. Der Kaiser aber ließ Briefe ausgehen, er wolle die Christenheit wieder auf den Stand bringen, wie in den Zeiten der Apostel. In Deutschland hieß der Papst einen Afterkönig (Gegenkönig – H. M.) wählen; damals predigten die Lehrer der Armen von Lyon öffentlich zu Hall in Schwaben unter dem Schutz des Königs Konrad, des Sohnes Kaiser Friedrichs. Aber die Pfaffen waren zu mächtig ... Dem Kaiser sagten seine Astrologen, daß ihm große Gefahren bevorständen, denen er ausweichen könne, wenn er in die Verborgenheit sich zurückziehe, bis die Zeiten anders geworden wären. Er folgte diesem Rat, der Zauberring verhalf ihm dazu ... Und später kehrte er zurück, um das Volk zu prüfen und hielt Hof in Neuß und Wetzlar. Aber der neue König Rudolf und die Bischöfe der römischen Kirche waren ihm feind und durch Verrat fiel er in ihre Hände. Rudolf verurteilte ihn als Feind der katholischen Kirche. Aber der Kaiser war getrost, denn seine Zeit war noch nicht abgelaufen, und das Feuer konnte ihm nichts anhaben. Inzwischen hat er sich öfter als Pilger einfachen Leuten, die den rechten Glauben hatten, zu erkennen gegeben und ihnen gesagt, er werde wiederkehren, um seine Herrschaft anzutreten, wenn es nach Gottes Willen an der Zeit sei. Seit aber Ludwig von Bayern, der zum König gewählt war, den Gegenkönig Friedrich gefangen genommen hat und in Rom sich selbst zum Kaiser erhoben hat, ist die Macht des Papstes gesunken, und die Zeit nahe gekommen, daß Kaiser Friedrich das Reich wieder antreten kann. Der Kaiser wird seinen Schild in Deutschland, Italien und auch in Palästina wieder aufrichten. Dann wird er die Macht des Papstes ganz zu Boden treten, die falschen Priester demütigen, die Lehrer, die dem Beispiel der Apostel folgen, werden volle Freiheit haben, die Klöster wird er aufheben, den Armen zurückgeben, was ihnen die Kirche abgenommen hat, und in Frieden regieren, so lange sein Leben noch dauert.«

Weit vor der Reformation, als die Sage betont antiklerikale Züge trug, lokalisierte sie sich auf beziehungsweise in den Kyffhäuser.

Kaiser Friedrich Barbarossa als Kreuzfahrer,
Miniatur aus der Historia Hierosolymitana
des Robert von St. Remi,
Handschrift aus dem Kloster Schäftlarn, um 1190

Der »umherziehende« Kaiser,
Federzeichnung aus Herrad von Landsperg:
Hortus deliciarum, um 1160 bis 1170

Die »Düringische Chronik« Johannes Rothes berichtet 1421 keineswegs kaiserfreundlich: »Von dißem keißer Fredrich (gemeint ist Friedrich II. – H. M.) dem ketzer erhub sich eyme nuwe ketzerey, die noch heymelichen unter den christen ist, unde die glouben des gentzlichen, daß keißer Fredrich noch lebe unde lebinde bleiben sulle bis an den jungsten tagk und das keyn rechtir keyßer noch am worden sey adir werden sulle unde der herwander zu Kuffhußen yn Doringen uf dem wusten Sloße unde rede mit den lewten unde laße sich zu gezeiten sehin.« Friedrich ist hier entsprechend der im Mittelalter üblichen Form kaiserlicher Regentschaft als umherziehender Herrscher beschrieben. Die Konzentration auf den Kyffhäuser war wohl doch Ergebnis eines längeren Prozesses der Sagenentwicklung, den unterschiedliche Auffassungen kennzeichnen. In diesem Zusammenhang ist zu bemerken, daß Überlieferungen von »wiederkommenden« Herrschern oder anderen bedeutenden Personen nicht allein auf die mit der Kyffhäusersage verbundenen Kaiser beschränkt sind. Westrom stellte Augustus, Ostrom Konstantin in das Zentrum solcher Erwartungen. Einige Sagen künden von der Verknüpfung Karls des Großen (um 742; 768–814) mit dieser Prophetie. Der hessische Odenberg, der Desenberg bei Paderborn und die Nürnberger Burg sind als »Sagenresidenzen« Karls angegeben. Kaiser Heinrich I. (um 875; 919–936) wohnt im Sudener Berge, Siegfried wartet im alten Bergschloß Geroldseck auf seine Sendung, und in der Arminiusburg bei Schieder in Lippe harrt Hermann der Cherusker seines Rufes. In einigen Sagen wird selbst Otto I. (912; 936–973) mit dem Kyffhäuser in Verbindung gebracht. Gar üppig wucherte die Sagenphantasie, als Napoleon an die Stelle Barbarossas in den Kyffhäuser gesetzt wurde. Aber bereits zur Mitte des 19. Jahrhunderts rückte man das wieder ins deutsche Gleis. Rotbart veranlaßte, nach freundlicher Vermittlung Frau Holles, Napoleon zur Räumung des Kyffhäusers. In der einen oder anderen Form bediente sich die Kaisersage einer recht ansehnlichen Zahl feudaler Herrschergestalten. Ein langer Weg lokalisierte den Sagenstoff zunächst als Volkssage von der Wiederkehr Friedrichs II. auf den Kyffhäuser. Dort fand sie ihren wohl wirksamsten und schließlich auch einzigen Kristallisationspunkt.

Die von 1422 bis 1426 entstandene Chronik des Einbecker Pfarrers Engelhus setzt Friedrich noch in die Burg »confusionis«, in der bekanntlich einige Bearbeiter Namensidentität mit dem Begriff Kyffhäuser zu sehen glauben. Am Ende des 15. Jahrhunderts meldet die hessische Chronik des Wigand Gerstenberger über Kaiser Friedrich: »Unde ist noch in Doringen, wie das er noch leben sull uff syme slosse Keufhussen.« In der gleichen Zeit wurden offensichtlich die Vorstellungen vom Fortleben des Kaisers im Inneren eines Berges in den Kyffhäuserberg übertragen. Die Lokalisierung in den Kyffhäuser war wohl mit dem Beginn des 16. Jahrhunderts abgeschlossen, denn ein in anderem Zusammenhang nochmals zu erwähnendes Volksbüchlein von 1519 weist schon direkt auf den hohlen Berg, also das Innere des Burgberges hin: Der Kaiser »lebet seligklich, was großtaetig, küenmütig, mild, gestreng und ein redsprechig man, und ausserhalb der kirchvervolkung in vil sachen berüembt, das nach dem großen kaiser Karol in geschichten kainer mer gethon hat. und ist zueletst verlorn worden, das niemandt waist, wo er hin ist komen noch begraben. Die pawren und schwartzen künstner sagen, er sey noch lebendig in einen holen perg, soll noch herwider komen und die geistlichen straffen und sein schilt noch an den dürren Paum hengken ...« Eine Flugschrift von 1537 gibt die Lokalisierung noch konkreter: »Dagegen wollen etliche sprechen, das ein Berg bei Franckenhausen in Düringen ligt, darin soll Keiser Friederich auch sein wonung haben und vil mal da gesehen worden.« Es ist zu bemerken, daß den Entwicklungsweg der Kyffhäusersage endzeitliche

Gedankengänge begleiteten, welche die Wiederkehr des Kaisers »in der Endzeit« mit unterschiedlichen religiösen Vorstellungen verbanden.

Oft wird gefragt, warum sich die Kyffhäusersage ausgerechnet im nordthüringischen Kyffhäuserberg lokalisierte. Die Antwort dürfte die politische Entwicklung Thüringens geben. Ein Erbfolgekrieg hatte diesen Raum in chaotische Zustände geführt. Über Jahrhunderte blieb das Land zersplittert wie kaum ein anderes Gebiet in Deutschland. Offenbar hat der Sagenstoff deshalb in dieser Region besonders fruchtbaren Boden gefunden. Die Sage bereicherte ihren Inhalt im Laufe der Zeit immer wieder mit Geschichten aus der Erfahrungswelt des Volkes. Von Generation zu Generation fand der Sagenkranz des Kyffhäusers aufmerksame Zuhörer oder Leser. Die Ursachen der Lokalisierung sind sicher auch im antiklerikalen Inhalt der Kaisersage zu suchen. Solche gegen die Papstkirche gerichteten Züge fanden offenbar dort ein günstiges Wirkungsfeld, wo sich Kristallisationspunkte der Ketzerbewegungen gegen die Verderbnis der Kirche herausgebildet hatten. Das war um die Goldene Aue der Fall. In Stolberg, Sangerhausen, Nordhausen, Sondershausen und anderen Orten hatte die spätmittelalterliche Ketzerbewegung der Kryptoflagellanten ihr Zentrum. Im übrigen ist festzuhalten, daß bei der Tradierung der Sage nach der Reformation die betont antiklerikalen Züge fehlen. Wir dürfen die Ursache in der reformatorischen Bewegung sehen, die eben auch das religiöse Anliegen der Kyffhäusersage befriedigt hatte.

In der umfangreichen Literatur zur deutschen Kaisersage wurde oft untersucht, welcher der beiden Friedriche – Großvater oder Enkel – der Sagenkaiser ist. Unzweifelhaft bleibt, daß zunächst Friedrich II. zum Ausgangspunkt der Kaisersage wurde. 1519 erschien das erwähnte Volksbuch »Eine warhafftige historij von dem kaiser Friderich der erst seines namens, mit ainem langen roten bart, den die Walhen (Welschen, Italiener – H. M.) nenten Barbarossa ...« Mit diesem Büchlein ist Barbarossa (Rotbart) erstmals eindeutig als Sagenkaiser aufgeführt. Einige Überlieferungen erwähnen ihn auch vor 1519 oder lassen die Entscheidung zwischen ihm und Friedrich II. offen. Eine genaue Grenze ist offenbar nicht zu ziehen. Karl Wehrhan zitiert beispielsweise Hemerlin aus dem 15. Jahrhundert, der beide Gestalten vermengt: »Friedrich II., der Unterdrücker der Kirche, zieht, da ihm seine bösen Absichten nicht völlig durchgehen, ins heilige Land und ertrinkt im Jordan.« Jakob Grimm weist ein Gedicht auf Friedrich I. nach, dessen Entstehung er an der Wende des 14. zum 15. Jahrhundert vermutet. Es ist sicher ratsam, sich mit

Hermann Freihold Plüddemann (1809–1868),
Der Tod Friedrich Barbarossas,
Fresko, 1841, Schloß Heltorf

der personellen Doppelgleisigkeit abzufinden. Der Versuch, Barbarossa zu verdrängen und den ursprünglichen Sagenkaiser wieder an seinen einstigen Platz zu setzen, bliebe ohne Erfolg. Parallelen im persönlichen Schicksal und der historischen Leistung ermöglichen es, beide Herrscher mit der Sage zu identifizieren. Beide starben fern von Deutschland. Das gab der Volksdichtung Spielraum zu verschiedenen Ansichten über »das Verschwinden des Kaisers«. Wehrhan faßt die Geschichten über Barbarossas Tod zusammen: »Die Erzählungen über den Tod Kaiser Friedrichs lauten sehr verschieden. Etliche sagen, er sei in einem Wasser ertrunken und seine letzten Worte seien gewesen: ›Gebenedeiet sei Gott, der mich durch das Wasser wiedergeboren hat; wenn Gott will, daß ich durchs Wasser soll hinweggenommen werden, habe ich mich nicht zu beklagen.‹

Der Gaul soll mit ihm ins Wasser gefallen sein. Die Seinen hoben ihn auf, doch starb er unter ihren Händen.« Jakob und Wilhelm Grimm erzählen vom verlorenen Kaiser Friedrich II., den der Papst in den Bann getan hatte. Auf geheimnisvolle Weise verließ er sein Gefolge. »Wo er hinkam, ob er in dem Wald das Leben verlor oder ihn die wilden Tiere zerrissen oder ob er noch lebendig sei, das kann niemand wissen.«

Im 17. Jahrhundert wurde es um die Sage ruhiger. Ihr sozialer Gehalt verblaßte. Im Laufe der Zeit reicherte sich der Sagenstoff mit ausschmückenden Elementen an. Zu ihnen gehörte das Rabenmotiv. Die mythologische Überbewertung dieses Motivs lenkt davon ab, daß mit Hilfe dieser Fabeltiere die partikulare Fürstenherrschaft in Deutschland und der Glaube an die Überwindung dieses Zustandes manifestiert werden sollten. Der Flug der Raben sollte weniger einem mythologischen Fabelreich als der die Reichsherrlichkeit wiederherstellenden Sendung Barbarossas gelten. Mit dem Rabensymbol zog das Synonym für nationales Unheil in die Kyffhäusersage ein. Fraglos erleichterte das den Mißbrauch der Sage.

Allmählich bildete sich die heute tradierte Gestalt der Sage heraus. 1666 überliefert Johannes Prätorius in seiner Weltbeschreibung neue Züge der Sage: »Sonsten habe von alten Thüringischen Leuten sagen gehört, daß solcher Kayser Friederich tieff unter den Erden in einem Berge auff der Bank bey einem rundten Tische sitze und stets schlaffe und habe einen greulichen großen grauen Bart, der ihm biß an die Erde heruntergewachsen sey: wie ihn einer also gestalt will angetroffen haben.« Erneut widmet Prätorius dem Kyffhäuser sein Augenmerk und beschreibt 1681 nachdrücklich, daß Rotbart 1669 von einem Bauern gesehen worden sei. Der Bauer habe den »ganz still« sitzenden Friedrich erblickt. Ein Hirt dagegen wurde vom Kaiser, der sich von seinem Platze erhoben hatte, gefragt, ob die Raben noch um den Berg flögen. »Auf das Ja habe er noch erwidert, so müsse er also noch ein Jahrhundert weiter schlafen.«

Seit dem 18. Jahrhundert treten unterschiedliche Auffassungen über die Farbe des kaiserlichen Bartes nicht mehr auf. Der Nordhäuser Stadtphysikus Behrens faßt 1703 in seiner »Hercynia curiosa« grundlegende inhaltliche Elemente der Sage zusammen: »Die gemeineste Sage aber ist: ... auch Käyser Friedrich der Erste, Aenobarbus oder Barbarossa, das ist Roht=bart, zubenahmt, sich selbst mit etlichen der Seinigen in diesen Ort (Kyffhäuser – H. M.) verfluchet habe, auch dieserwegen mit ihnen daselbst auf der Banck, an einem steinern Tisch sitzend, und den Kopf in der Hand haltend, ruhe oder schlaffe, dem Käyser aber sey sein rohter Bahrt durch den

Grabmal Friedrichs II. im Dom zu Palermo

Tisch biß auf die Füße gewachsen, nicke stetig mit dem Kopfe, und zwinckere mit den Augen, als wenn er nicht recht schlieffe, oder bald wieder aufwachen wolle, denn sie in denen Gedancken stehen, als wenn derselbe vor dem Jüngsten Tag wiederum aufwachen und sein verlassenes Keyserthum auf das Neüe antreten und bestätigen werde ...« Seither ist die Sage voll mit Kaiser Rotbart verbunden. Am Ende des 17. und mit Beginn des 18. Jahrhunderts ist sie im wesentlichen auch fest am Kyffhäuser orientiert. Die Intensität ihrer Verbreitung in Deutschland hat Unterschiede.

Der deutschen Romantik ist die Neubelebung der Barbarossasage im 19. Jahrhundert zu danken. Georg Behrens' Bericht gab in der Bearbeitung von Melissantes den Gebrüdern Grimm die Anregungen zu literarischer Umsetzung. In der Sammlung Jakob und Wilhelm Grimms begegnet uns die »Sage vom Friedrich Rotbart auf dem Kyffhäuser«: »Von diesem Kaiser gehen viele Sagen im Schwange. Er soll noch nicht tot sein, sondern bis zum Jüngsten Tag leben, auch kein rechter Kaiser sei nach ihm mehr aufgekommen. Bis dahin sitzt er verhohlen in dem Berg Kyffhausen, und wann er hervorkommt, wird er seinen Schild hängen an einen dürren Baum, davon wird der Baum grünen und eine bessere Zeit werden. Zuweilen redet er mit den Leuten, die in den Berg kommen, zuweilen läßt er sich auswärts sehen. Gewöhnlich sitzt er an der Bank an dem runden steinernen Tisch, hält den Kopf in die Hand und schläft, mit dem Haupte nickt er stetig und zwinkert mit den Augen. Der Bart ist ihm groß gewachsen, nach einigen durch den steinernen Tisch, nach andern um den Tisch herum, dergestalt, daß er dreimal um die Rundung reichen muß bis zu seinem Aufwachen, jetzt aber geht er erst zweimal darum. – Ein Bauer, der 1669 aus dem Dorf Reblingen Korn nach Nordhausen fahren wollte, wurde von einem kleinen Männchen in den Berg geführt, mußte sein Korn ausschütten und sich dafür die Säcke mit Gold füllen. Dieser sah nun den Kaiser sitzen, aber ganz unbeweglich. Auch einen Schäfer, der einstmals ein Lied gepfiffen, das dem Kaiser wohlgefallen, führte ein Zwerg hinein, da stand der Kaiser auf und fragte: ›Fliegen die Raben noch um den Berg?‹ und auf die Bejahung des Schäfers rief er: ›Nun muß ich noch hundert Jahre länger schlafen‹.«

Dankbare Aufnahme und weite Verbreitung fand Friedrich Rückerts (1788–1866) gefühlvolles Gedicht »Der alte Barbarossa«. J. G. Büsching hatte in seinem Werk »Volkssagen, Märchen und Legenden« den erwähnten Bericht Behrens' bearbeitet und lieferte Rückert die stofflichen Grundlagen für das zwischen 1814 und 1816 entstandene und 1817 veröffentlichte Gedicht (S. 74). Joseph Gersbach (1787–1830) und Heinrich Frankenberger (1824–1885) vertonten Rückerts Verse.

Mit ihren Möglichkeiten griff die Kyffhäusersage in die nationalen Bewegungen des 19. Jahrhunderts ein. Sie wandelte sich endgültig zur Nationalsage. Unverkennbar ist Rückerts Einfluß auf zahl-

Kyffhäuser, Ansichtskarte von 1897

lose literarische, qualitativ manchmal recht unterschiedliche Bearbeitungen. Emanuel Geibel verkündet die nahe Ankunft Barbarossas. Ferdinand Freiligrath dichtete »Barbarossas erstes Erwachen« (1829). Heinrich Hoffmann von Fallersleben, dem der Text unserer Nationalhymne zu danken ist, schreibt im Gedicht »Im Jahre 1812« die Verse:

> »Ach! es krächzen noch die Raben
> Um den Berg bei Tag und Nacht,
> Und das Reich es bleibt begraben,
> Weil der Kaiser nicht erwacht.«

Der Sagenstoff war damit, wenn auch oft poetisch überhöht, in den Dienst politischen Wirkens gestellt. Die Volksüberlieferung erlebte gewissermaßen eine Renaissance, als sie für die drängenden Forderungen des Volkes nach nationalstaatlicher Einigung neu entdeckt wurde. Das Schaffen Ernst Moritz Arndts, Otto Webers, Max von Schenkendorfs, Julius Rodenbergs, Heinrich Heines, Christian Dietrich Grabbes, Julius Sturms und vieler anderer, vorwiegend nationalbürgerlich-demokratischer Schriftsteller reflektiert die zeitpolitische Deutung der Nationalsage oft höchst eindrucksvoll. In Heines (1797–1856) literarischen Arbeiten zu diesem Gegenstand ist die

Barbarossa
Gedicht von Friedrich Rückert (1788–1866), 1816/17,
vertont von Joseph Gersbach (1787–1830)
und Heinrich Frankenberger (1824–1885)

Barbarossasage immer auch mit den Fragestellungen lebendiger Wirklichkeit kritisch konfrontiert. In seinen »Elementargeistern« (1834) berichtet er vom Kyffhäuser: »Ich bin dort oft vorübergekommen, und in einer schönen Winternacht blieb ich daselbst länger als eine Stunde und rief wiederholentlich: ›Komm, Barbarossa, komm!‹ und das Herz brannte mir wie Feuer in der Brust ... Aber er kam nicht, der geliebte Kaiser Friedrich.« Diesem emphatischen Bekenntnis fügt er den folgenden Gedanken an: »Ach, gewiß fliegen die Raben noch immer um den Berg, jene Raben, die uns so gut bekannt sind, und deren frommes Gekrächz wir beständig vernehmen. Aber das Alter hat sie geschwächt, und es giebt gute Schützen, die sie im Fluge herabschießen.« Der überlieferte Sageninhalt ist hier bereits um jenen Gedanken ergänzt, aus dem sich die spätere Distanz Heines zur »Wiederkehr Barbarossas« andeutet. Die Lesarten änderten sich, nicht allein bei Heine.

Nach 1871 mündete Rückerts Formulierung von des »Reiches Herrlichkeit« in Betrachtungsweisen, die Rotbarts Traum mit der Proklamation des deutschen Kaiserreiches unter dem Hohenzollern Wilhelm I. erfüllt sahen. Die alte Kaisersage erhielt im Dienst eines mit der »Einigung von oben« interpretierten Geschichtsbildes politisch-literarische Funktionen. Eine umfangreiche literarische Produktion widmete sich den neuen Aufgaben. Felix Dahn schmückte Wilhelm I. mit dem Beinamen Barbablanca (Weißbart). Die Hohenzollern unter Barbablanca erfüllten den alten Kaisertraum der Hohenstaufen unter Barbarossa. Ernst von Wildenbruch schrieb:

»Ich will den gold'nen Schatz der heil'gen Sagen
Aus dem versunk'nen Schacht zum Lichte zieh'n.
Den Reif, den Hohenstaufen einst getragen,
Auf Hohenzollerns Stirne nehm ich ihn.«

Aber auch das blieb auf dem langen Weg der Überlieferung schließlich nur Episode. Ohne die Wirkung eines Sagenstoffes zu überschätzen, bleiben die Menschen wohl auch in Zukunft mit der Sagenwelt des Kyffhäusers verbunden, vielleicht im Sinne der Gebrüder Grimm: »Um alles menschlichen Sinnen Ungewöhnliche, was die Natur eines Landstriches besitzt oder wessen ihn die Geschichte gemahnt, sammelt sich ein Duft von Sage und Lied.«

Kaiser-Wilhelm-Denkmal

Für Preußen begann das 19. Jahrhundert mit einer Katastrophe. In der Doppelschlacht von Jena und Auerstedt zerschossen die in aufgelöster Gefechtsordnung operierenden französischen Einheiten die in ihrer traditionellen Lineartaktik mit ungezieltem Massenfeuer angreifenden preußischen Bataillone. Napoleon hielt am 27. Oktober 1806 prunkvollen Einzug in Berlin. Das bürgerliche Frankreich hatte einen Staat zerschlagen, über den die spitze Feder des französischen Grafen Mirabeau 1788 geschrieben hatte, Preußen sei kein Staat, der eine Armee besitze, sondern eine Armee, die sich einen Staat leiste. Während der Befreiungskriege erlitt Frankreich in der Völkerschlacht bei Leipzig im Oktober 1813 die entscheidende Niederlage. 1814 brach das französische Großreich zusammen. Der Wiener Kongreß 1815 teilte die Napoleonische Konkursmasse auf. 1913 entstand zur Erinnerung an die mit den Befreiungskriegen verknüpfte politische Erneuerung in Leipzig das Völkerschlachtdenkmal. Bruno Schmitz (1858–1916), von dem auch die Pläne für das Kaiser-Wilhelm-Denkmal stammen, schuf den Entwurf.

Das Ende des 19. Jahrhunderts ließ die schmachvollen Jahre der napoleonischen Herrschaft vollends vergessen, als am 18. Juni 1896 zum Gedenken an den 1888 verstorbenen deutschen Regenten auf der Höhe des Kyffhäusers das Kaiser-Wilhelm-Denkmal geweiht wurde. »Es ist wieder Frühling geworden in Deutschland«, schrieb Hermann Ferschke, »und die Blütenkelche, welche sich einst beim Untergang der Hohenstaufen scheinbar auf immer geschlossen hatten, unter ihrem Stammesgenossen, dem siegreichen großen Hohenzollern, sind sie aufs neue in ungeahnter Pracht und Fülle wieder aufgebrochen ... Und so blicken wir, ... von innigster Dankbarkeit bis in das tiefste Herz hinein erfüllt, zu ihm hinauf und grüßen ihn mit frohbewegter Seele: ›Heil Dir, Du großer, unvergeßlicher Kaiser‹!«

Zwischen den Ereignissen der Jahre 1806 und 1896 liegen neun Jahrzehnte bewegter Geschichte. Mit der Lösung der nationalstaatlichen Einigung war die wichtigste politisch-ökonomische Aufgabe

Kaiser-Wilhelm-Denkmal von Osten
nach einem Entwurf von Bruno Schmitz (1858–1916)

dieser Periode gegeben. Drei dynastische Kriege krönten Bismarcks preußisch-deutsche Diplomatie. Die Niederlage Frankreichs 1871 brachte den Deutschen die ersehnte staatliche Einheit, als am 18. Januar 1871 in der Spiegelgalerie des französischen Schlosses Versailles das deutsche Kaiserreich ausgerufen wurde. Der 73jährige preußische König übernahm als Wilhelm I. die Kaiserwürde. Für die nationalstaatliche Entwicklung hatte auch dieser monarchische Weg zur deutschen Einheit seine positiven Seiten. Allerdings fehlte es auch nicht an düsteren Vorahnungen kommenden Unheils, das der Schweizer Historiker Carl Jacob Burckhardt der nachlebenden Generation als »Zeitalter der Kriege und Revolutionen« prophezeite.

Zunächst aber war zur Kaiserproklamation geladen. Zwischen den nahezu 800 Marschällen, Großherzögen, Prinzen, Generälen, Offizieren, Hofchargen und Ministern nahm sich das Dutzend Zivilisten recht bescheiden aus. Der junge Leutnant Paul von Hindenburg stand inmitten des Glanzes von Orden und Uniformen. Hofprediger und Divisionspfarrer Rogge verwob in seiner Predigt die geschichtliche Größe des Tages mit bekannten Überlieferungen. Seine Gedanken basierten auf Psalm 21.12 des Alten Testamentes: »Denn sie gedachten dir Übels zu tun, und machten Anschläge ...« Rogge predigte über die historische Bedeutung der Kaiserproklamation: »Was die Lieder und Sagen des Volkes nur als einen fernen Traum uns verkündet haben: wir sehen es heute zur Wirklichkeit geworden, sehen das Deutsche Reich wieder auferstanden in alter Herrlichkeit.« Fürst Otto von Bismarck verlas Wilhelms Proklamation »An das deutsche Volk«, und der Großherzog von Baden brachte den Hochruf auf »Seine kaiserliche und königliche Majestät, Kaiser Wilhelm« aus.

Das neue Staatsgebilde beseitigte manche politische Stagnation, förderte das Wirtschaftsleben und gab der Entwicklung politischer Bewegungen, Vereinigungen und Parteien reichliche Impulse. Unverkennbar blieb es aber das Ergebnis des Weges einer Reichseinigung »von oben«. Es sollte sich zeigen, daß die militärische Überformung des deutschen Nationalbewußtseins durch das Phänomen des Krieges und die Annexion der Provinzen Elsaß und Lothringen früher oder später ihren Preis forderten.

Der Kyffhäuser war mitten in dieses bewegte Jahrhundert gestellt. Da er in der Zeit des erwachenden Nationalbewußtseins und der Bemühungen um die nationalstaatliche Einigung bedeutsame Zusammenkünfte erlebte, entwickelte er sich rasch zum nationalen Symbol. Dies wurde bereits in der ersten Hälfte des 19. Jahrhunderts deut-

Allegorische Figuren »Geschichte« (links)
und »Krieg« (rechts) am Reiterstandbild Wilhelms I.,
nach Entwürfen von Emil Hundrieser (1846–1911)

lich, als die studentische Burschenschaftsbewegung den Kyffhäuser zu ihrer bevorzugten Versammlungsstätte wählte. Diese studentische Vereinigung war aus dem Erlebnis der Befreiungskriege gegen die französische Fremdherrschaft hervorgegangen. Studenten der Universitäten Halle, Leipzig und Jena bereiteten 1845 ein Treffen vor, das dann auch etwa 400 Teilnehmer im Mai 1846 auf dem Kyffhäuser vereinte. Die erstrebte zentrale Vereinigung aller Studentenvereinigungen wurde allerdings nicht erreicht. Immerhin traf sich der gleiche Teilnehmerkreis zu Pfingsten 1847 erneut auf dem Kyffhäuser und beschloß hier die Durchführung eines zweiten Wartburgfestes deutscher Studenten (das erste hatte 1817 stattgefunden) für 1848. Das wurde dann auch im Revolutionsjahr veranstaltet. Studenten und auch Angehörige der Lehrkörper fast aller deutschen Universitäten waren vertreten. Während des Treffens orientierten die 1200 Teilnehmer auf den Gedanken einer demokratischen Lösung der deutschen Frage und würdigten das »neuerwachte Volksleben«.

Nach der Niederlage der 48er Revolution mündete die weitere Entwicklung studentischer Vereinigungen in den Weg der Reichseinigung von 1871. Ähnlich der Lesart der Barbarossasage änderten sich auch die Konturen der Studentenbewegung. In zahlreichen Städten gründeten sich »Vereine Deutscher Studenten«. Wortgewaltig unterstützten Prof. Heinrich von Treitschke und Hofprediger Adolf Stoecker – unter anderem mit Vorträgen auf dem Kyffhäuser – deren Ideen. Nicht immer realitätstreu berief sich die Vereinigung auf demokratische burschenschaftliche Verbindungen der Vergangenheit. Friedrich Schulze und Paul Symank schreiben: »Eine Bewegung nun, welche die Gemüter des deutschen Volkes so tief ergriff, mußte ganz von selbst in den Herzen der akademischen Jugend lebhaften Widerhall finden ... Und die aus dem Zeitgeist geborene Stimmung der deutschen Studenten verdichtete sich zu einer allgemeinen Bewegung, die an Stärke und Wucht derjenigen der Urburschenschaft nahekam, mit ihr den außerakademischen Ursprung gemeinsam hatte und deshalb von Anfang an mitten ins Gesamtleben des Volkes gezogen wurde ... Im Gegensatz zu der früh gehemmten urburschenschaftlichen Bewegung widerfuhr ihr das Glück, daß sie sich unter schweren Kämpfen zu einer dauerhaften Organisation und zu einem klargefaßten Programm durchzuringen vermochte. Es war die Bewegung der ›Vereine Deutscher Studenten‹, die ›Kyffhäuserbewegung‹ mit einer ›zuerst ausschließlich gegen das Judentum‹ gerichteten Spitze.« Nicht mehr mit den schwarz-rot-goldenen Fahnen der früheren Burschenschaft, sondern unter den schwarz-weiß-roten Farben kaiserlicher Flaggen zogen am 6. August 1881 etwa 800 Vereinsmitglieder aus vielen Städten von Roßla über Sittendorf zum Kyffhäuser, um den »Kyffhäuserverband der Vereine Deutscher Studenten« ins Leben zu rufen. Die Oberburgruine mit dem Barbarossaturm gab den romantischen Rahmen einer Kundgebung mit folgendem Grußtelegramm an Kaiser Wilhelm I.: »Von der Höhe des deutschesten der deutschen Berge, vom sagenumwobenen Kyffhäuser, senden die deutschen Studenten dem wiedererstandenen Barbarossa, ihrem geliebten Kaiser Wilhelm, den Schwur der unwandelbarsten Treue und Ergebenheit bis in den Tod.« Das neue Studentenkartell konstituierte sich dann am Nachmittag des 7. August 1881 auf der Rothenburg. Kyffhäuser und Rothenburg standen seither mit den Zielen dieses Kartells in enger Beziehung. Einige solcher Zielsetzungen – beispielsweise Herstellung eines Kaisertums ohne Parlamentarismus, Erweiterung der Reichsgrenzen, Verurteilung des Judentums und der Sozialdemokratie – gefährdeten eine auf soziale Kräftigung nach innen und Frieden nach außen gerichtete Politik. Der Kyffhäuserverband wollte im Sommer 1891 offenbar seine in der Vergangen-

Reiterstandbild Wilhelms I. mit allegorischen Nebenfiguren,
nach einem Entwurf von Emil Hundrieser

Kaiser-Wilhelm-Denkmal,
Kapitell der Bogenhalle

heit übersteigerten Positionen »entschärfen«. Im Einvernehmen mit dem Ausschuß zum Bau des Kaiser-Wilhelm-Denkmals erhielt der Plan zum Aufbau eines studentischen Ehrenmals für den verstorbenen Kaiser allgemeine Zustimmung. Die Gestaltung des kleinen Denkmals diente der erklärten Absicht, politisch gemäßigte Haltungen des Studentenkartells zu demonstrieren. Im nazistischen Staat löste sich der Kyffhäuserverband der Studenten 1935/36 auf. An seine Stelle traten studentische Organisationen des Hitlerstaates. Bisher vorwiegend auf dem Kyffhäuser, der Rothenburg, in Kelbra oder Roßla veranstaltete Verbandstreffen waren untersagt.

Seit 1950 steht der in Marburg neugegründete »Verband der Vereine Deutscher Studenten (Kyffhäuserverband)« wieder im Vereinsregister der Bundesrepublik Deutschland. Die bitteren Erfahrungen eines mörderischen Krieges prägten sein Streben nach einem wiedervereinigten Deutschland. Die politische, zur Einheit führende Entwicklung in der DDR machte die Stadt Bad Frankenhausen vom

»Kriegsfurie«, bauplastisches Motiv
am Turmsockel des Kaiser-Wilhelm-Denkmals,
nach einem Entwurf von August Vogel (?–1932)

7. bis 10. Juli 1990 zum fünften Male nach 1902, 1903, 1934 und 1935 zum Gastgeber der 109. Verbandstagung dieser Vereinigung.

Der Kyffhäuserburgberg ist seit etwa 100 Jahren mit der Entstehung und historischen Entwicklung eines monumentalen Denkmals verbunden, das den Namen des am 9. März 1888, dreizehn Tage vor seinem 91. Geburtstag verstorbenen deutschen Kaisers trägt: Kaiser-Wilhelm-Denkmal. Späterhin wurde es auch als Kyffhäuserdenkmal bezeichnet. Seit der Historiker Georg Voigt im März 1871 die geschichtliche Leitlinie von Friedrich I. Barbarossa bis zu Wilhelm I. vorgezeichnet hatte, war der greise deutsche Dynast schon zu Lebzeiten in die Reihe der legendären Hohenzollern gestellt worden. Der Schriftführer des 1873 in Weißenfels gegründeten Deutschen Kriegerbundes, Geheimrat Prof. Dr. Alfred Westphal, Hauptmann d. R., unterbreitete bereits drei Tage nach dem Ableben Wilhelms den Vorschlag, dem deutschen Kaiser ein Monument zu errichten. Da dieses Denkmal ein Anliegen der deutschen Krieger sein sollte, wurde die Übernahme der Kosten von den Kriegervereinen erwartet. Damit war das Denkmal von seiner ersten Stunde an ein Werk der deutschen Kriegervereinigungen. Westphals Vorschlag fand allgemeinen Beifall. Als Standortvorschlag unterbreitete die Kriegerbundszeitung »Parole« am 22. März 1888 den Kyffhäuser. Schon in dieser Phase begünstigte der Gedanke an eine weitere Zentralisierung und schließliche Vereinigung aller deutschen Krieger- und Landesverbände das dem Gedenken an den Kaiser gewidmete Vorhaben. Am 7. Oktober 1888 bildete sich ein geschäftsführender Denkmalsausschuß. Noch im Dezember 1888 fiel nach einem positiven Gutachten – auch Goslar warb beispielsweise um diese Gunst – die Standortentscheidung für den Kyffhäuser. In einem Schreiben vom 12. Januar 1889 war die kaiserliche Genehmigung übermittelt worden. Fünf Tage später übernahm Georg, Fürst zu Schwarzburg-Rudolstadt, zu dessen Territorium der Kyffhäuser bekanntlich gehörte, das Protektorat über den Bau. Nach seinem Tode im Januar 1890 folgte ihm Fürst Günther in diesem Ehrenamt.

Vielleicht wäre es zu eng, im »historisch-poetischen Charakter des Ortes« den einzigen Faktor für die Wahl des Burgberges zu sehen. Sicherlich beeinflußte auch die interessante Landschaft diese Entscheidung. Man suchte für das Denkmal einen Platz, der von seiner natürlichen Gegebenheit her die Erwartungen »weihevoller Abgeschiedenheit« erfüllte. Der Kyffhäuser entsprach einer solchen Allianz zwischen Landschaft, Geschichte und Poesie. In Bruno Schmitz' Projekterläuterungen zum Denkmal sind diese Gedanken umschrieben: Kaiser Wilhelm sei »ein Denkmal Seiner und des Landes würdig auf einer bedeutsamen Scholle Bodens, im Herzen Deutschlands, auf dem sagenumwobenen Kyffhäuser-Berge, dem Zeugen einstiger Kaiserpracht und Reichsherrlichkeit« zu errichten. Auch die inhaltliche Absicht ist bekundet: »Ein Erinnerungs- und Siegesmal der Nation, die Bestätigung des Dankes für den Gründer der deutschen Einheit – der Ausdruck der Wehrhaftigkeit und Größe des neuen deutschen Kaiserreichs.« Die Errichtung des Monumentes galt dem Kaisertum Wilhelms, galt der Reichseinigung in der konkret-historischen Wirklichkeit von 1871 und den von der Legende gezogenen Fäden zur Barbarossasage. Eine Erhebung zum praktisch zeitlosen Denk- und Mahnmal deutscher Einheit, als das in späteren Interpretationen das Kaiserdenkmal zuweilen exponiert wurde, lag offensichtlich nicht im Sinne der Auftraggeber und entspräche wohl kaum der Historizität des Monumentes.

Zum Denkmalbau wurde das erforderliche Anfangskapital von 300 000 Mark aufgebracht. Die Entwurfsphase begann mit einem

Turmabschluß mit stilisierter Reichskrone

Wettbewerb für den architektonischen Teil des Monumentes im Oktober 1889. Die Wettbewerbsbedingungen forderten unter anderem die Erhaltung des »alten Turmes«, also des Barbarossaturmes der mittelalterlichen Oberburg. Außerdem sollte die Form des Denkmals der weithin sichtbaren Lage des Standortes entsprechen und bei der Planung eines kaiserlichen Standbildes eine »militärischer Auffassung gemäße Form« künstlerische Gestaltungsweise finden. Bis zum Juni 1890 trafen 24 Entwürfe ein. Der Architekt Bruno Schmitz (S. 89) erhielt den ersten Preis. Von Juni bis Dezember 1891 war ein Wettbewerb für das Reiterstandbild mit den beiden Nebenfiguren ausgeschrieben. Er sah den Charlottenburger Bildhauer Prof. Emil Hundrieser an erster Stelle. Nun war noch die Gestaltung der Barbarossafigur offen. Schmitz sollte aus den Wettbewerbsergebnissen eines engeren Teilnehmerkreises den für sein Projekt geeignetsten Entwurf bestimmen. Die Wahl des Architekten fiel auf die Arbeit des Berliner Bildhauers Prof. Nicolaus Geiger. Neben den Hauptplastiken waren noch einige bauplastische Details zu entwerfen: Wappen, allegorische Masken, Reichsadler, Kaiserkrone, figürlich gestaltete Kapitelle, Tierallegorien mit den beziehungsreich hockenden und schwingenspreizenden Raben und ähnliches. Mit diesen Arbeiten wurde der ebenfalls in Berlin ansässige Bildhauer August Vogel betraut. Schon im Frühjahr 1894 waren in den Berliner Ateliers Geigers und Hundriesers maßstabgetreue Modelle zu besichtigen.

Die bautechnische und künstlerische Leitung der Gesamtarbeiten lag bei Bruno Schmitz. Die Frankenhäuser Baufirma Reichenbach begann im August 1890 mit den ersten Arbeiten, den Rodungen am Berghang, der Anlage eines Steinbruches, dem historisch in der praktizierten Weise nicht vertretbaren Abriß eines großen Teiles der Oberburgruinen und allgemeinen Vermessungsarbeiten. Mit 40 Arbeitern begann Karl Reichenbach den Bau. Sie wurden bald auf 150, später auf 200 verstärkt, als die aufwendigen Arbeiten zum Mauerbau der Ringterrasse und am Turm einsetzten. 1893 waren schon 300 und in der letzten Bauperiode gar 400 Maurer, Steinhauer, Zimmerleute und Handlanger auf der Baustelle tätig. Über ein Jahr nach der Einweihung, erst 1897 wurden die letzten Bauarbeiten beendet.

Geldsorgen gehörten zu den Stammgästen der Bauherren. Offenbar auch wegen der komplizierten Bedingungen wurde der ursprünglich kalkulierte Finanzbedarf von 400 000 Mark mehrfach erhöht und am Ende doch weit überschritten. Der Bau kostete 1 452 241,37 Mark. Bis zum Zeitpunkt der Einweihung waren erst 963 600,58 Mark zusammengetragen worden. Anleihen wurden unumgänglich. Auch der Deutsche Kriegerbund gewährte ein zinspflichtiges Darlehen von 200 000 Mark.

Die Bautermine waren kurz. Selbst im Winter wurden die Arbeiten nur wenige Wochen während des strengsten Frostes eingestellt. Auch die in der Öffentlichkeit naturgemäß vielbeachtete Baustelle Kyffhäuser blieb nicht frei von den sozialen Konflikten der Jahrhundertwende. Mit den staatlichen Sozialmaßnahmen der achtziger Jahre allein waren sie nicht mehr zu lösen. Der Arbeitstag der Denkmalarbeiter umfaßte in der Regel zwölf Stunden. 28 bis 35 Pfennig Stundenlohn brachten keine Reichtümer in die Bauarbeiterfamilien. Für die vielen hundert Arbeiter erübrigte der Denkmalsausschuß le-

Kaiser-Wilhelm-Denkmal
auf dem Kyffhäuser,
Lithographie, nach 1897

diglich 1375 Mark für Versicherungsgebühren und Unterstützungszahlungen. Dagegen forderten die Einweihungsfeierlichkeiten fast 22400 Mark. Selbst die Baufirmen waren zu empfindlicher Sparsamkeit veranlaßt, sogar beim Gerüstbau. Diese Situation führte zu einigen Unfällen, darunter drei mit tödlichem Ausgang. Unfälle und einige andere Probleme veranlaßten Karl Reichenbach zur Lösung des Bauvertrages. Firma Thate aus Sangerhausen arbeitete seit Frühjahr 1892 auf dem Kyffhäuserberg. Doch bereits im Sommer löste sich diese Verbindung wieder, und die Firma Reichenbach führte – seit 1896 mit Unterstützung des Kelbraer Bauwerksbetriebes Bloßfeld – den Bau zu Ende. Dieser neuerliche Wechsel brachte mit dem Einsatz einer Dampfmaschine, der Montage von Bauaufzügen und der Anlage zusätzlicher Schutzgerüste technologische Verbesserungen.

Auf diese Weise sahen sich die am Denkmalbau tätigen Arbeiter bereits auf der Baustelle den Konflikten und Belastungen einer staatlichen Sozialpolitik gegenübergestellt, die Wilhelm I. einst als »soziales Kaisertum« proklamiert hatte. Die politisch organisierte Arbeiterbewegung stellte eine besorgniserregende Zunahme der Ge-

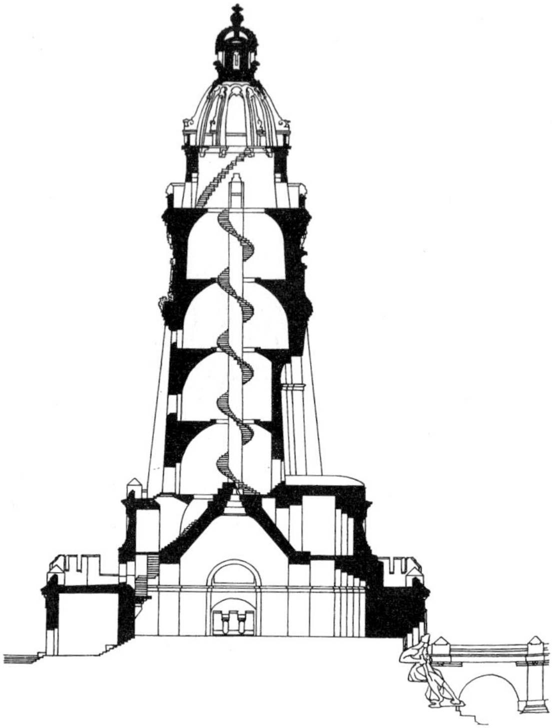

Schnitt durch das
Kaiser-Wilhelm Denkmal

fährdung der Arbeiter fest. Auch aus diesem Grunde gehörte die sozialdemokratische Partei zu den Gegnern des Denkmalbaus. Spektakuläre Wirkung und naturgemäß unterschiedliche Resonanz fand die Haltung des Frankenhäuser Knopfmachers Carl Apel sen. im Landtag des Fürstentums Schwarzburg-Rudolstadt. Der sozialdemokratische Landtagsabgeordnete stimmte gegen die Bewilligung von 15 000 Mark zur Finanzierung der Einweihungsfeier des Denkmals.

Bereits während der Erbauungsphase stand das Denkmal in den Diensten nationaler Politik. Das kaiserliche Deutschland glich nicht mehr jener Zeit um 1871, als der Gedanke der staatlichen Einheit im Zentrum politischer Bestrebungen stand. Jetzt schloß die europäische Politik die Möglichkeit eines Krieges nicht aus und bewegte

Relief zum Gedenken an
den Architekten Bruno Schmitz
im Inneren des Kaiser-Wilhelm-Denkmals

sich praktisch bereits in der Vorkriegszeit. Mehr und mehr, oft auch in forschen Worten, äußerte sich auf dem Kyffhäuser ein neues Nationalgefühl. Es repräsentierte einen politischen Kurs, welcher der ursprünglichen Bedeutung der Reichsgründung von 1871 künftige Zielsetzungen anfügte. Da war der feierlichen Grundsteinlegung vom 10. Mai 1892 offensichtlich die symbolische Demonstration kaiserlicher Politik zugewiesen (S. 95). 15000 ehemalige Krieger der Jahre 1864, 1866 und 1870/71, Hunderte Fahnen, vier Militärkapellen, der fürstliche Protektor und zahlreiche Ehrengäste bildeten den äußeren Rahmen der Feierstunde. Die im Turm eingemauerte Gründungsurkunde manifestiert das Anliegen des Denkmals: »Das deutsche Volk, Jahrhunderte lang durch die Uneinigkeit zerrissen und in politische Ohnmacht versunken, errang neue Macht und neues Ansehen durch Kaiser Wilhelm I., den Hohenzoller, Preußens König ... Das Denkmal soll sich erheben auf freier Bergeshöhe ... Auf dem Kyffhäuser, in welchem nach der Sage Kaiser Friedrich der Rotbart der Erneuerung des Reiches harrte, soll Kaiser Wilhelm der Weißbart erstehen, der die Sage erfüllt hat. Das Denkmal soll die Erinnerung an den ersten Kaiser des neuen deutschen Reiches wach erhalten. Das Denkmal soll künden von der Mitwirkung der deutschen Krieger an der Wiederaufrichtung des Reiches und es soll eine Mahnung sein für die kommenden Geschlechter, fest zu halten an der Treue zu Kaiser und Reich, an der Vaterlandsliebe und an den Einrichtungen des monarchischen Staates, dessen Segnungen die neue Größe des Reiches zu verdanken ist ...«

Für die Einweihungsfeier wurde der 18. Juni 1896 bestimmt, Jahrestag der Schlacht von Belle Alliance (1815) und des Einzuges Wilhelms in Berlin nach dem Krieg von 1870/71. 30 000 Menschen empfingen Kaiser Wilhelm II., den Enkelsohn Wilhelms I., 18 000 ehemalige Krieger mit 1 300 Fahnen waren versammelt. Aus allen deutschen Landen hatten sie den Weg zur neuen deutschen Weihestätte angetreten. Das farbenfrohe Bild der Einweihungsfeier (S. 96) prägten das prunkvolle kaiserliche Zelt an der Ringterrasse, zahlreiche Militärkapellen, Ehrenformationen und natürlich die Begleitung des Kaisers: Großherzöge, der König von Württemberg, Herzöge und Herzoginnen, Kronprinzen, Prinzen und Prinzessinnen, Grafen, Marschälle und Generäle, Reichskanzler und Minister, Prinzregenten, Offiziere, Geheimräte, Professoren, Hofdamen und Hofräte, Hausmarschälle und Bürgermeister, Landräte, Adjutanten und viele andere. Die Festrede Alfred Westphals (1850–1924) verwies auf die Impulse des Denkmals für die künftige Tätigkeit der deutschen Kriegervereine: »Heute steht unser Kaiser-Wilhelm-Denkmal auf dem Kyffhäuser vollendet da. Seine Bedeutung ist eine doppelte: Seine Parole heißt: ›Kaiser Wilhelm I., der Hohenzoller, Preußens König‹ und sein Feldgeschrei: ›Für Kaiser und Reich!‹ ... Von einem Eingreifen in das engere politische Leben sieht das Kriegervereinswesen ... ganz ab, es begnügt sich damit, seine Mitglieder durch das Betonen monarchischer und deutschnationaler Gesinnung dazu anzuhalten, bei Beurteilung staatsbürgerlicher Fragen Das in den Vordergrund treten zu lassen, was die monarchischen Parteien eint, Treue zum Landesherrn und Liebe zum Vaterlande, und nach dem Grundsatz zu handeln: ›Das Vaterland, nicht die Partei‹ ...« Kaiser Wilhelm II. fand in seiner Ansprache Gedanken und Gleichnisse der Mahnung: »Wenn in dem deutschen Volke der Geist lebendig bleibt, aus dem dieses Denkmal geschaffen ist ...

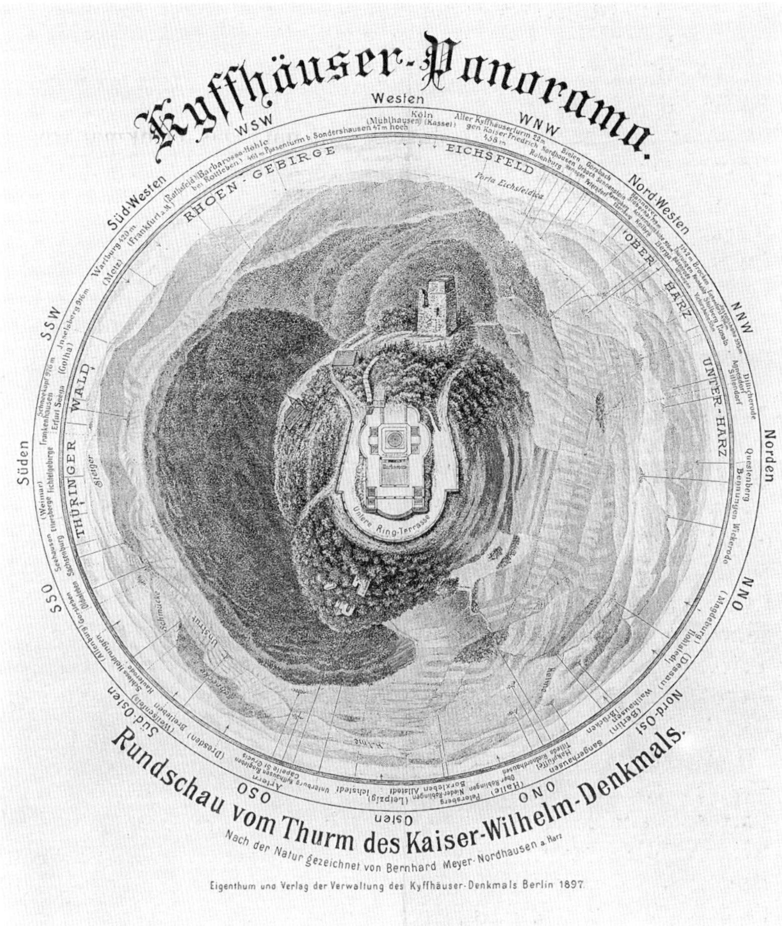

Rundblick vom Turm
des Kaiser-Wilhelm-Denkmals,
Zeichnung von Bernhard Meyer, 1897

dann wird das Vaterland allen Stürmen, welche die Zukunft heraufführen mag, mit unerschütterlichem Vertrauen entgegensehen können. Möge es dem deutschen Volk nie an Männern fehlen, welche in Treue, Opferwilligkeit und Vaterlandsliebe denen gleichen, welche dem großen Kaiser dienen … durften.« Nach den Ansprachen begleiteten 101 Salutschüsse einer Erfurter Batterie den Vorbeimarsch

Der Kyffhäuser mit dem Kaiser-Wilhelm-Denkmal …

der Einheiten und Kriegervereinigungen an ihrem Kaiser und Obersten Kriegsherrn. Ganz offenkundig stand bei der Gestaltung der Einweihungsfeier das mit einem verstärkten soldatischen Aspekt betonte Grundanliegen des Kyffhäuserdenkmals Pate. Monika Arndt sieht dieses Prinzip in der Gestaltung der weiblichen Nebenfigur,

… auf Ansichtskarten um die Jahrhundertwende

der »Geschichte«, am Reiterstandbild verkörpert (S. 79, links). Der rechte Arm ruht auf einer Tafel mit dem Text »Sedan – Paris – 1870«, die ausgestreckte Linke hält als symbolisches Sieges- und Ruhmeszeichen einen Eichenkranz. Monika Arndt bemerkt dazu: »Mit den auf der Tafel verzeichneten Siegen hat die ›Geschichte‹ eine für das Denkmalsprogramm aufschlußreiche Einengung erfahren: Sie ist ausschließlich als Verherrlichung der für die Reichsgründung bedeutsamsten militärischen Erfolge aufgefaßt.«

Am Rande der Feierlichkeiten würdigten zahlreiche Auszeichnungen das gelungene Werk. Die vom Kaiser »zu Ehren des 18. Juni 1896« gestiftete goldene Jubiläumsmedaille (S. 98) galt der in das neue Jahrhundert reichenden Erinnerung an den festlichen Tag. Westphal wurde mit dem Ritterkreuz des Hohenzollernschen Hausordens dekoriert. Schmitz, Geiger und Vogel trugen nun den preußischen Roten Adlerorden III. Klasse mit Schleife. Hundrieser und Reichenbach nahmen den Kronenorden III. beziehungsweise IV. Klasse entgegen. Die »Witwen, deren Männer beim Denkmalbau zu Tode gekommen«, erhielten Geldgeschenke von je 200 Mark. Nach der Feier verbrachten die »allerhöchsten und höchsten Herrschaften« angenehme Stunden beim festlichen Essen mit Wilhelm II. Der Thüringer Kochkunst schlug an der Tafel des Fürstlichen Jagdschlosses Rathsfeld eine glückliche Stunde: Kraftbrühe, Schwarza-Forellen, Wildrücken, Krebse in Sülze, Metzer Hühner, Salate, gefüllte Artischocken, Käsestangen, französische Napfkuchen, Punsch, Barbarossa-Eis und zehn Weinsorten.

Inzwischen riß der Strom der Schaulustigen nicht ab. Die Monumentalität des Kaiserdenkmals hinterläßt bis heute bei zahllosen Besuchern nachhaltige Eindrücke. Ein Waldweg vom Westen her führt die Besucher zur 96 Meter breiten Ringterrasse. Sie wächst förmlich aus dem Felsen und unterstützt den Eindruck, als ob das Monument mit seiner Gesamthöhe von 81 Metern aus der Felsenwelt emporsteigt. Der rotbräunliche Buntsandstein, aus dem sich die oberen Schichten des Kyffhäusermassivs aufbauen, fördert die architektonisch-landschaftliche Harmonie, da dieses Gestein auch für die Errichtung des Denkmals verwendet wurde. Lediglich die Turmkrone ist aus Wesersandstein gemauert. Für den Plattenbelag wählte man den härteren Granit. Wegen seiner gleichmäßigeren und feinkörnigeren Struktur entschieden sich die Bildhauer für einen Sandsteinblock aus dem Steinbruch Edersleben bei Sangerhausen zur Herstellung der Barbarossafigur.

Der Besucher richtet im allgemeinen von der Ostseite, der »Schauseite«, einen ersten Blick auf das Denkmal. Die Gestaltung seiner Mittelachse bezieht sich auf die staufisch-hohenzollernsche Reichsidee. In der Tiefe des zerklüfteten sogenannten Barbarossahofes – architektonisch erst während der Bauarbeiten in dieser urwüchsigen Form konzipiert – »schläft« der mittelalterliche Sagenkaiser (S. 4). Axial über der Barbarossafigur beherrscht die

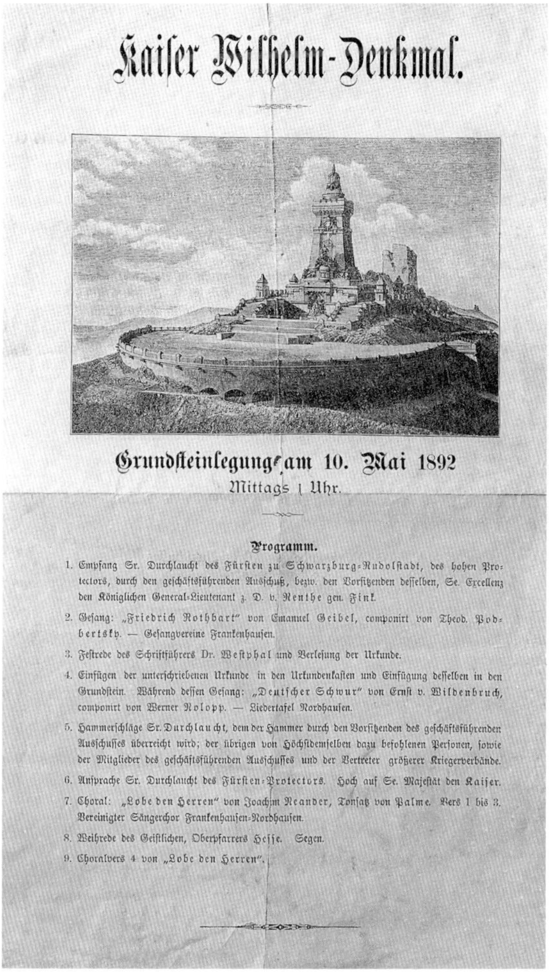

Kaiser Wilhelm-Denkmal.

Grundsteinlegung am 10. Mai 1892

Mittags 1 Uhr.

Programm.

1. Empfang Sr. Durchlaucht des Fürsten zu Schwarzburg-Rudolstadt, des hohen Protectors, durch den geschäftsführenden Ausschuß, bezw. den Vorsitzenden desselben, Se. Excellenz den Königlichen General-Lieutenant z. D. v. Renthe gen. Fink.
2. Gesang: „Friedrich Rothbart" von Emanuel Geibel, componirt von Theod. Podbertsky. — Gesangvereine Frankenhausen.
3. Festrede des Schriftführers Dr. Westphal und Verlesung der Urkunde.
4. Einfügen der unterschriebenen Urkunde in den Urkundenkasten und Einfügung desselben in den Grundstein. Während dessen Gesang: „Deutscher Schwur" von Ernst v. Wildenbruch, componirt von Werner Nolopp. — Liedertafel Nordhausen.
5. Hammerschläge Sr. Durchlaucht, dem der Hammer durch den Vorsitzenden des geschäftsführenden Ausschusses überreicht wird; der übrigen von Höchstdemselben dazu befohlenen Personen, sowie der Mitglieder des geschäftsführenden Ausschusses und der Vertreter größerer Kriegerverbände.
6. Ansprache Sr. Durchlaucht des Fürsten-Protectors. Hoch auf Se. Majestät den Kaiser.
7. Choral: „Lobe den Herren" von Joachim Neander, Tonsatz von Palme. Vers 1 bis 3. Vereinigter Sängerchor Frankenhausen-Nordhausen.
8. Weihrede des Geistlichen, Oberpfarrers Hesse. Segen.
9. Choralvers 4 von „Lobe den Herren".

Programm der Grundsteinlegung
des Kaiser-Wilhelm-Denkmals
am 10. Mai 1892

dreiteilige Figurengruppe mit dem Reiterstandbild Wilhelms das Monument (S. 81). Die drei Symbolfiguren verdeutlichen die kaiserdeutsche Erfüllung der Kyffhäusersage. Inhaltlich und architektonisch endet die Achse im Turmabschluß mit der Widmungsinschrift, dem Reichsadler und der als stilisierte Reichskrone ge-

Einweihung des Kaiser-Wilhelm-Denkmals
am 18. Juni 1896,
im Hintergrund das Kaiserzelt

mauerten Turmspitze (S. 85). Die Erbauer faßten ihr Anliegen zusammen: »Die Idee des ganzen Denkmals ist klar. Es stellt das unterirdische Schloß Barbarossas dar, welches nach Erfüllung der Sage aus dem Berg herausgestiegen ist; auf ihm baut sich das neue Reich auf, und Kaiser Wilhelms hehres Bild verkündet der Welt, daß Deutschlands Stämme wieder geeint sind.« Mit dieser Bemerkung umschrieb Westphal die Überlegungen zum inhaltlichen Aufbau des Denkmals.

Von der Ringterrasse führt eine großflächige Treppenanlage zum Plateau. Drei mächtige, erdrückend wuchtige rundbogige (S. 82) Arkaden geben den Blick auf den etwa 600 Quadratmeter großen Barbarossahof mit der Skulptur Rotbarts frei. Je drei Bogenstellungen grenzen den Hof nach Norden beziehungsweise Süden ab. Rotbart zeigt sich in etwa dreifacher Lebensgröße, »im ersten Erwachen«, mit wallendem Bart, dem weiten kaiserlichen Mantel und der mittelalterlichen Reichskrone auf dem Haupt. Wie in der Sage thront er auf einer Steinbank, die linke Hand grault den stattlichen Bart, seine Rechte umfaßt den Schwertgriff. In der plastisch gestalteten Umgebung Rotbarts sind unter den Schmuckelementen der Hofstaat

Gedenkblatt zur Einweihung des Kaiser Wilhelm-Denkmals auf dem Kyffhäuser am 18. Juni 1896.

Fest-Beilage der „Nordhäuser Zeitung"

Zum 18. Juni 1896.

So hebe dich denn aus Traum und Nacht,
Du Stätte geheiligten Ruhmes,
Mit dem Zeichen der neuerstandenen Pracht
Des deutschen Kaiserthumes.
Im Sturme zerstob der Rabenschwarm,
Und tief aus des Berges Mitten,
Aus Barbarossa's verzaubertem Schloß,
Da kommt nun der neue Kaisersproß
Im Siegesdonner geritten.

Und huldigend jauchzt mit der Fürstenschaar
Das Volk empor zu dem Werke,
Dem ragenden Denkstein für immerdar
Alldeutscher Mannesstärke.
Und freudig reichen in heiligem Schwur
Sich Nord und Süden auf's Neue
Die sehnige Hand zum alten Bund
Als Schützer des Rechts auf dem Erdenrund
In unverbrüchlicher Treue.

Hurrah, du mächtiger Riesenbau,
Von deutschen Kriegern gegründet,
Der, stolz sich reckend zum Himmelsblau,
Von gewaltigen Thaten kündet.
Sieh' rings im weiten, leuchtenden Plan
Die Lande zu deinen Füßen —
So schaue hernieder jahrhundertlang,
Umrauscht von Segen und Feierklang,
Den Frieden, den Frieden zu grüßen!

Albert Kohl, Nordhausen.

Festblatt der Nordhäuser Zeitung
zur Einweihung des Kaiser-Wilhelm-Denkmals

Erinnerungsmedaille zur Einweihung
des Kaiser-Wilhelm-Denkmals,
gestiftet von Kaiser Wilhelm II.,
Avers (links), Revers (rechts)

und das bekannte Rabenmotiv zu erkennen. Die Plastik entstand in der letzten Bauphase des Denkmals in den Jahren 1895/96. Zeitweise waren unter der Anleitung der Bildhauer Schwartz und Lock zwölf Fachkräfte mit dieser Aufgabe beschäftigt.

Unser Weg führt zur Mittelterrasse. Hier kann man den Turm auf einem südlich und nördlich leicht ausschwingenden Plateau umschreiten. Zwei Treppenanlagen führen zum Umgang der Hochterrasse. In dieser Ebene hebt sich der Turm mit dem quadratischen Querschnitt von 20 Metern Seitenlänge aus dem Berg und erreicht eine Höhe von 57 Metern. Der Blick des Besuchers ist von hier aus unmittelbar auf die Figurengruppe gerichtet. Aus einer doppelt abgestuften Rundbogennische schreiten Reiter und Pferd aus dem Berg heraus in die Weite der Goldenen Aue, »der aufgehenden Sonne entgegen« (S. 81). Dem Reiterbildnis ist die allegorische Gruppe »Geschichte« (weibliche Figur, S. 79 links) und »Krieg« (reckenhafter Krieger) beigeordnet (S. 79, rechts).

Die Figuren wurden aus 2 bis 3 Millimeter starken Mansfelder Kupferplatten getrieben, in Einzelteilen angeliefert und kurz vor der Denkmalseinweihung montiert. Im Inneren sorgen Eisenkonstruktionen für die notwendige Stabilität der Figuren. Gemeinsam mit den Künstlern hatten die Kupfertreibwerkstatt Seitz aus München (Reiterstandbild), die Kunstwerkstatt Rinckleben aus Braunschweig

Fest-Zeitung

zur Enthüllungsfeier des Kaiser-Wilhelm-Denkmal

auf dem Kyffhäuser am 18. Juni 1896.

Zum 18. Juni 1896.

Entschlummert war im Kyffhäuser des alten Reiches Macht,
Es schrieen die Raben sich heiser in trüber Zeiten Nacht!
Doch längst, erlöst aus den Banden, ist einem Wunder gleich,
Ein stolzes Bauwerk erstanden: „Das neue deutsche Reich!"

Ihm, der's errichtet hat mächtig, wie unser Aug' es schaut
Dem wurde ein Denkmal prächtig am Sagenort erbaut!
Das schuf ihm als Dankes weihe, fest aus Granit und Erz,
Ein Zeichen von Lieb' und Treue, der deutschen Krieger Herz!

* * *

Als heute im Krieger-Kreise die deutschen Fürsten steh'n,
— Sie wollen in ernster Weise den Weiheact begeh'n —
Tritt aus seiner dunkeln Kammer der alte Rotbart vor:
Heute sieht er keinen Jammer, nur Jubel trifft sein Ohr

D'rum verwundert in die Runde Barbarossa schauet:
„Ward allein für diese Stunde dieses Werk erbaut? —
Wer ist's, der da oben reitet? — Wer sind all' die Leute,
Die, wie scheint, ein Fest bereitet voller Lust und Freude?"

Da tritt der Hohenzollernsproß dicht vor den Alten hin:
„Der oben auf dem stolzen Roß, deß' Enkelsohn ich bin,
Der hat der deutschen Stämme Glied neu vereint gebunden,
Zum Kaiserreich hat Nord und Süd wieder sich gefunden!

Doch mußte mancher deutsche Sohn Blut und Leben lassen,
Bevor mein Ahn die Kaiserkron' damals konnt' erfassen! —
Und als er schied dann, hochbetagt, zu unser aller Schmerz,
Da hat die ganze Welt geklagt, — da bebte jedes Herz!

Die aber, die einst heimgekehrt mit ihm aus blut'gem Krieg
Die halten sein Gedächtnis wert, — er führte sie zum Sieg.
Sie haben hier ein Denkmal schön zu Ehren ihm gebaut,
Wie es die Welt noch nie gesch'n, noch nie ein Aug geschaut!

Für Deutschlands ersten Kaiser soll bis in fernste Zeiten
Ein Achtungs- und ein Dankeszoll ewig es bedeuten!
[illegible]
Um uns herum der Krieger Heer, nach meines Hauses Brauch."

* * *

Der Rotbart hört's und Freude klärt sein faltenreich Gesicht,
„Wie froh macht mich, was ich gehört! — Ich brauch nun länger nicht
Zu träumen Deutschlands Einigkeit! — Es ward nun endlich wahr
Was ich ersehnt seit langer Zeit, seit vielen hundert Jahr!"

Betend faltet er die Hände — und Alle beten nach:
„Von dem deutschen Reiche wende für immer jede Schmach!
Seine Fürsten lasse walten stets gerecht und milde,
Ungetrübten Glanz erhalten ihrem Wappenschilde!

Laß neuen Hader, neuen Streit nie im Volk erstehen!
Und endlich möcht' für alle Zeit heut' ich noch erflehen:
Walten laß in Deutschlands Gauen nur des Friedens Stunden!"
— — — — — — — — — — —
[illegible]

Leipzig-Lindenau — Louis Sterz.

Zur Einweihung des Kyffhäuser-Denkmals.

(Nachdruck verboten.)

Am 10. Mai des Jahres 1892, dem Gedenktage des Frankfurter Friedens war es, als tausende und abertausende von deutschen Kriegern aus allen Gauen des deutschen Vaterlandes herbeiströmten um auf dem sagenumrauschten Kyffhäuser der Grundsteinlegung für das Denkmal Kaiser Wilhelm des Siegreichen beizuwohnen. 205 Fahnen von Kriegervereinen wehten damals vom Plateau der alten Kyffhäuser-Burg und erstaunt blickten die alten Mauerreste auf die stattlichen Krieger herab, von deren Brust sich die Kombattanten-Medaillen von 1870 und auch das eiserne Kreuz abhoben, als Zeichen, daß sie einst unter Kaiser Wilhelm dem Siegreichen, mitgekämpft, für Deutschlands Ruhm, Ehre und Einigkeit und gerechten Anteil hatten an den gewaltigen Siegen, welche damals im Kampfe gegen den Erbfeind errungen wurden.

Der Fürst Protector und Herr des Kyffhäusers **Fürst Günther Victor von Schwarzburg-Rudolstadt** traf punkt 1 Uhr Mittag mit seinem Gefolge auf dem Plateau ein, wo er mit Gesang und einer Begrüßungsrede des Hptm. d. L. Professor Dr. Westpfahl empfangen wurde.

Darauf vollzog der Fürst die Feier der Grundsteinlegung durch die drei ersten Hammerschläge, worauf die übrigen hierzu Berechtigten folgten.

Heute am Tage der Einweihung des Denkmals, welches der treuen Gesinnung deutscher Krieger und deutscher Männer im Allgemeinen seinen Ursprung verdankt, sei der Wortlaut der **Denkmals-Stiftungsurkunde** nochmals in Erinnerung gebracht, weil sie die Stimmung wiedergiebt, welche damals herrschte und manches beherzigenswerte Mahnwort enthielt.

Die Urkunde lautet:

Urkunde

zum

Grundstein des Kaiser Wilhelm-Denkmals

auf dem Kyffhäuser.

Das deutsche Volk, jahrhundertlang durch Uneinigkeit zerrissen und in politische Ohnmacht versunken, errang neue Macht und Ansehen durch

Kaiser Wilhelm I.

den Hohenzollern.

Unter seiner Führung erhoben sich Deutschlands Fürsten und Volk einmütig gegen den Welschen Angreifer, nach siegreichem Kampfe wurde ein neues deutsches Reich gebildet und die Kaiserwürde erblich im Hause der Hohenzollern erneut.

Treue Liebe und dankbare Verehrung des ganzen Volkes lohnt den fürstlichen Helden, der das Sehnen nach Einheit und Größe des Vaterlandes gestillt hatte, besonders schlugen Ihm, dem Allerhöchsten Kriegsherrn, die Herzen Seiner Soldaten in Treue und Ehrerbietung entgegen.

Nach Seinem Heimgange weihen Ihm als Ausdruck ihrer Gesinnung dies Denkmal die deutschen „Kriegerverbände."

Das Denkmal soll sich erheben auf freier Bergeshöhe, auf Schwarzburgs-Erde, auf dem Kyffhäuser, an welchen die Volkssage die Hoffnungen auf die Wiedergeburt des Vaterlandes geknüpft hatte. Auf dem Kyffhäuser, in welchem nach der Sage Kaiser Friedrich der Rotbart der Erneuerung des Reiches harrte, soll Kaiser Wilhelm des Weißbarts Denkmal erstehen, der die Sage erfüllt hat. Das Denkmal soll die Erinnerung an den ersten Kaiser des neuen deutschen Reiches wach erhalten. Das Denkmal soll künden von der Mitwirkung der deutschen Krieger an der Wiederaufrichtung des Reiches, und es soll eine Mahnung für die kommenden Geschlechter sein, festzuhalten an der Treue zu Kaiser und Reich und an den Einrichtungen des monarchischen Staates, dessen Segnungen die neue Größe des Reiches zu verdanken ist.

Unter der machtvollen Regierung

Kaiser Wilhelm II.

wird dieses Denkmal errichtet. Den Beginn des Werkes hat **Fürst Georg zu Schwarzburg Rudolstadt** als Landesherr des Denkmalortes unter Seinen Schutz genommen. Nach dem Hinscheiden dieses edlen Fürsten wird das Denkmal weiter geführt unter dem Protektorate des Fürsten

Günther zu Schwarzburg-Rudolstadt.

Was die Herzen der Erbauer dieses Denkmals bewegt hat, möge auch unter den Nachkommen fortleben!

Heil Kaiser und Reich!

Deutschland, Deutschland über alles!

So geschehen im Jahre des Heils Ein Tausend acht Hundert und zwei und neunzig, am 21. Jahrestage des Frankfurter Friedens.

Günther, Fürst zu Schwarzburg-Rudolstadt.
von Stark.
Reuthe, gen. Fink, Dr. A. Westphal, Backhausen, Dierich, Frühling, Geyer, J. F. W. Gerth, Harz, J. Kalb, Rheimann Struckerjan, Tanner, Waldecker, Schereder, Dinckelberg, Bruno Schmitz, Stengel, Conrad.

Heute ist nun der festliche Tag endlich herangekommen an welchem das Denkmal enthüllt wird und wiederum sind viele Tausende deutscher Krieger hierher geeilt um ihren Kaiserlichen Kriegs- und Landesherrn, welcher mit Deutschlands Fürsten der Feier beizuwohnen gedenkt, am Fuße des Denkmals seines großen Ahnherren zu begrüßen. In langen Zügen kamen sie an, zur „goldenen Aue" in unser schönes Thüringer Land, zum sagenumrauschten Kyffhäuser-Berge, gastlich empfangen von den treuen Thürings, deren unverfälschte deutsche Art sich durch Jahrhunderte gewahrt hat ohne Falsch und Fehl.

Verwundert schaut der alte Turm auf dem Kyffhäuserberge „Burgfried" auch „Kaiser Friedrich" genannt auf das bunte Treiben dar, der schon den Königsritt **Friedrich Barbarossas** im Jahre 1152 erschaut, er sieht heute im Gewand des Kriegers, doch zu friedlicher Mission den deutschen Kaiser Wilhelm II, den Enkel des Einiger Deutschlands, den Sohn des edlen Dulder auf dem Thron, Kaiser Friedrichs III. zu sich heraufziehen mit glänzendem Gefolge um das Denkmal des vielgeliebten Kaisers Weißbarts zu weihen und es als ein Geschenk der deutschen Krieger für das neu geeinte deutsche Reich zu übernehmen.

Getreu im Sinne der Mission, welche Kaiser Wilhelm der Große bei Uebernahme der Kaiserwürde in Versailles sich und seinen Nachfolgern vorgezeichnet, sucht Kaiser Wilhelm II. seine Herrscheraufgabe in der Erfüllung aller Pflichten, welche dem Lande und Volke den Frieden zu sichern geeignet sind.

Eine weise und maßvolle Staatspolitik sichert dem deutschen Volke alle Güter, welche es als heilig anzusehen gewohnt ist. Unter der Herrschaft Kaiser Wilhelm II. wird dauernder Wohlstand blühen, Künste und Wissenschaft ihr Haupt erheben und Landwirtschaft wie Handwerk von den schweren Schlägen genesen, welche ihnen ungünstige Zeiten beigebracht.

Wir begrüßen **Kaiser Wilhelm II.** und die verbündeten deutschen Fürsten in unserem Thüringer Lande mit offenen ehrlichen Herzen weil wir uns Eins wissen mit ihnen in der Förderung der hehren Ziele zum Schutze der deutschen Einheit die auf blutigen Feldern Frankreichs errungen und wiedergeboren wurde.

Gott schenke Kaiser Wilhelm II. und seinen hohen Verbündeten, sowie allen deutschen Fürsten eine lange segensvolle Regierung, dann wird das Kyffhäuser-Denkmal uns stets ein Wahrzeichen des Friedens und treuer Einheit bleiben.

Das walte Gott!

Festzeitung (Ausschnitt)
zur Einweihung des Kaiser-Wilhelm-Denkmals

Paul von Hindenburg während der Kundgebung
zum 25. Jahrestag der Einweihung
des Kaiser-Wilhelm-Denkmals im Jahre 1921

(Krieger) und die Kunstwerkstatt Kiene in München (weibliche Figur) anspruchsvolle kunsthandwerkliche Arbeiten zu leisten. Unter Einbeziehung der Fußplatte ist das Reiterstandbild 9,70 Meter hoch. Die weibliche Nebenfigur »überragt« mit 5,20 Meter den Krieger um 38 Zentimeter. Die gesamte Gruppe hat ein Gewicht von 396 Zentnern, davon 8 850 Kilogramm Kupfer und 8 250 Kilogramm Eisen. Hundrieser gestaltete den Kaiser nach dem Willen der Auftraggeber in »einfacher Kriegsuniform«, mit Pickelhaube, Großkreuz zum Eisernen Kreuz und wallendem Mantel. Zur Rechten des Kaisers sitzt der Krieger, wehrbereit mit Flügelhelm, dem über beide Knie gelegten Schwert, Harnisch und Lederschild. Die linke, weibliche Figur legt den Eichenkranz offenbar als Zeichen seiner kriegerischen Ruhmestaten zu Füßen des Kaisers nieder. Dieses Symbol und das um Kopf und Schultern als Kleidungsstück gewundene Löwenfell als Beiwerk der Geschichte sind wohl doch sinnfälliger für die militärische Tendenz der Figurengruppe zu betrachten. Monika Arndt verweist auf »die Glorifizierung der militärischen Macht des neuen Reiches«. Michael Stuhr lenkt die Aufmerksamkeit auf »den

Frankenhäuser Zeitung

Erscheint täglich abends mit Ausnahme der Sonn- und Festtage.
Bezugspreis: durch die Zeitungsträger monatlich 3,— M., vierteljährlich 9,— M. durch die Post bezogen (bei Zustellung ins Haus) monatlich 30 Pfg., vierteljährlich 90 Pfg. mehr.
Postscheckkonto: Erfurt Nr. 1756.

Amtliches Nachrichtsblatt
für die Unterherrschaft Schwarzburg-Rudolstadt
mit der wöchentlichen Beilage
„Des Landmanns Sonntagsblatt".

Anzeigenpreis: für die sechsgespaltene Grundschriftzeile oder deren Raum 40 Pfg., außerhalb des Lesebezirks 50 Pfg. Reklameteil: Zeile 1,50 Mark.
Anzeigen-Annahme in der Geschäftsstelle Klosterstraße 6, größere Anzeigen tags zuvor, kleinere bis 10 Uhr vormittags am Erscheinungstage.

№ 141 Telegramm-Adresse: Zeitung, Frankenhausen. Solbad Frankenhausen, Montag 20 Juni 1921 Fernsprech-Anschluß: Nr. 6. 40. Jahrg.

Die Feier des 25jährigen Bestehens des Kaiser Wilhelm-Denkmals auf dem Kyffhäuser.

Das gewaltig-schöne Kyffhäuser-Denkmal, das als Symbol deutscher Einheit und Größe am 18. Juni 1896 von den deutschen Kriegern im Beisein des Kaisers und aller Bundesfürsten seine Weihe erhielt, war in den letzten Tagen und besonders am gestrigen Sonntag, als es galt, das 25jährige Bestehen des Denkmals im Beisein des Ehrenpräsidenten des Kyffhäuser-Bundes der deutschen Landeskrieger-Verbände, Generalfeldmarschalls von Hindenburg, in würdiger Weise zu begehen, das Ziel Tausender und Abertausender von deutschen Stammesbrüdern und -schwestern. Aus Nord und Süd, aus Ost und West waren sie trotz der Ungunst der Witterung herbeigeströmt, um mit „ihrem Hindenburg" an der Stätte Barbarossas und dem Ehrenmal des greisen Heldenkaisers auf dem sagenumwobenen Kyffhäuser zu verweilen und die Feier des 25jährigen Bestehens in ernster, würdiger Weise zu begehen.

Der Vorabend.

Bereits am Nachmittage des 18. Juni, dem eigentlichen Weihetage, traf

Se. Exzellenz Generalfeldmarschall von Hindenburg,

im Kraftwagen vom Bahnhof Berga-Kelbra kommend, auf dem Burghofe ein. Obwohl kein offizieller Empfang vorgesehen war,

daß Pflichterfüllung eine Lebensbedingung des deutschen Volkes sei. Dann gedachte Generaloberst v. Heeringen des 18. Juni als des eigentlichen Weihetages des Kyffhäuser-Bundes und feierte die vier anwesenden Mitglieder des Vorstandes: Geh. Regierungsrat Professor Dr. Westphal, 3. Präsident des Kyffhäuser-Bundes, Generalagent Gerth, Beisitzer, Präsident Dr. von Geyer, Obmann im Rechnungsausschuß, und Hauptmann a. D. Waldecker, Vertreter der Kriegerkameradschaft „Hassia" im Kyffhäuser-Bunde, als die einzigen noch Ueberlebenden des Gründungsausschusses. Hierauf überbrachte Geh. Staatsrat Werner-Rudolstadt die Grüße und Glückwünsche des Freistaates Schwarzburg-Rudolstadt und trank auf das weitere Wachsen, Blühen und Gedeihen des Kyffhäuser-Bundes der deutschen Landeskriegerverbände. Sodann ergriff der Vorsitzende unseres Kreises, Landrat Reinbrecht, das Wort und führte etwa Folgendes aus:

Ew. Exzellenzen, sehr geehrte Herren!

Der Herr Geheime Staatsrat Werner hat soeben die Glückwünsche der Rudolstädtischen Gebietsregierung zur heutigen Jubelfeier des Kyffhäuser-Denkmals überbracht. Ich schließe diesen Glückwünschen an die Glückwünsche des Kreises und der Güntherstiftung, auf deren Grund und Boden dieses herrliche Denkmal steht. ...

Fluges das Denkmal und warf aus einer Höhe von 1000 Meter eine Flugpost: „Gruß an Hindenburg" ab.

Eine ganz besondere Ehrung wurde dem Generalfeldmarschall durch einen äußerst

imposanten, großen Fackelzug

der Allgemeinen Technikerschaft des Kyffhäuser-Technikums und des Lehrerkollegiums und den Schülern und Schülerinnen des Realgymnasiums Frankenhausen, sowie einer Abordnung der Nordhäuser Gymnasien, deren Schüler ursprünglich den Generalfeldmarschall in den Mauern Nordhausens begrüßen wollten, aber daran gehindert wurden, zuteil. Nach hereingebrochener Dunkelheit bewegte sich der stattliche Zug, der 400 Fackeln mit sich führte, unter Vorantritt des Frankenhäuser Orchestervereins nach den Klängen des Zapfenstreiches von der Kohlstätte nach dem Burghofe, wo der Generalfeldmarschall auf dem Balkon an der Westseite der Wirtschaft in aufgerichteter, grader Haltung die große Ehrung, die einen sehr tiefen Eindruck auf ihn machte, entgegennahm. Nach beendeter Aufstellung und Gruppierung der Fahnenabteilungen der farbentragenden Verbindungen und der Gymnasien, sang die Menge zwei Verse des Liedes: „Der Gott, der Eisen wachsen ließ.

Hierauf ergriff der Vorsitzende der Allgemeinen Technikerschaft.

Zeitungsbericht (Ausschnitt) der Frankenhäuser Zeitung
anläßlich des 25jährigen Bestehens
des Kaiser-Wilhelm-Denkmals

gefährlich ins Militaristische verfälschten zeitgeschichtlichen Bezug« und zitiert die Ansicht Siegmar Holstens zur Reliefgruppe: »Der Krieg ist als Hauptfaktor des historischen Prozesses symbolisiert und die Geschichtsschreibung als rühmendes Zeugnis militärischer Siege.«

In das axiale Spannungsfeld von Sage und Geschichte bringen sich verschiedene Gestaltungselemente und -figuren ein: der Reichsadler, ein preußisch-hohenzollernscher Brustschild, die Kette des Adlerordens und des »Pour le mérite«, die Losung »Wilhelm I.«, der Wahlspruch aller deutschen Kriegervereine »Für Kaiser und Reich« oder auch Schriftbänder mit den Namen der Bundesstaaten und Freien Städte, deren Kriegervereinigungen das Denkmal maßgeblich finanzieren halfen. Als oberen Abschluß des Monuments wählte man das Motiv der Reichskrone.

Für jene Zeit war die Idee des Turmdenkmals weder neu noch architektonisch ungewöhnlich. Auch sieben der eingereichten 24 Entwürfe für den Kyffhäuserbau basierten auf dem Lösungsvorschlag »Turmdenkmal mit Reiterstandbild«. Schmitz beschritt demnach vorgezeichnete Wege. Allerdings ist anzuerkennen, daß er die Vorzüge der Landschaft zu schätzen und harmonisch mit dem Denkmalprogramm zu verbinden wußte. Auf die Beziehungen des Oberburgbergfrieds zum Denkmal legte er offenkundig besonderen Wert. Deutlicher noch brachte das Schmitz' zweiter Entwurf zum Kyffhäuservorhaben zum Ausdruck, denn der Architekt hatte sich mit einer weiteren Arbeit am Wettbewerb beteiligt. Hier sollte praktisch der gesamte Oberburgbereich in sich geschlossen ausgestaltet werden. Die Auftraggeber entschieden sich jedoch für den anderen Entwurf. Sicherlich fühlte sich Schmitz dem Zusammenhang zwischen Stauferreich und deutschem Kaiserreich von 1871 am Kyffhäuser besonders verpflichtet. Weil ihn während dieser Zeit aber auch die Entwurfsarbeit für die ebenfalls Wilhelm I. und nationalem Gedankengut gewidmeten monumentalen Bauten an der Porta Westfalica und am Deutschen Eck bei Koblenz beschäftigten, dürfen einige Ähnlichkeiten nicht verwundern. Da sich – offenbar auch unter dem Einfluß amerikanischer Denkmalsbauten – Schmitz' stilbildende Rolle am Kyffhäuser erstmals umfänglich zeigte, wurde dieses Monument besonders gewürdigt. Monika Arndt, der wir stilanalytische Anregungen und problemorientierende Fragestellungen danken, bezeichnet das Bemühen von Schmitz, »nicht in strengem Anschluß an irgendein Muster, sondern in durchaus freier und selbständiger Weise mit romanischen Stilformen« gearbeitet zu haben, als »Archaisierung romanischer Formen«. Die freie Bearbeitung romanischer Elemente führte zu der am Kyffhäuser veranschaulichten, eigenständigen Lösung. Sicherlich bedürfen einige Probleme, vor allem wohl stilistische Fragen und die Bedeutung von Schmitz' Bauten für die Entwicklung der Denkmalskunst, weiterführender Bearbeitung.

Gestalterische und bautechnische Leistung am Kaiserdenkmal sind der Betrachtung wert. Der Turm steht im Zentrum des insgesamt 131 Meter langen Monuments. Er ist dreifach gegliedert. Dem Turmkern des unteren Teiles sind an den Ecken Pfeiler mit zahlreichen bauplastischen Verzierungen vorgebaut, verzerrte, furchterregende, von züngelnden Schlangen und anderen Gebilden umgebene Köpfe, im allgemeinen als Kriegsfurien, als Darstellung böser Zwietracht gedeutet (S. 83). Das niedrigere Mittelgeschoß beginnt oberhalb der Nische für das Reiterstandbild. An der östlichen Hauptseite dieses Geschosses ist das Feld mit dem Reichsadler besonders hervorgehoben. Das wuchtige Kranzgesims über einem Rundbogenfries auf Konsolen schließt den zweiten Turmteil ab. Das Gesims trägt gleichzeitig die Brüstungsmauer der unteren Aussichtsplatt-

Hermann Hosaeus (1875–?),
Hindenburg-Denkmal am Fuße des Burgbergs,
Porphyr, eingeweiht am 6. Mai 1939

form, die im Turminneren über 232 Stufen bestiegen werden kann. Ein zylindrischer Körper, auf den acht Strebepfeiler aufsetzen, bildet den Abschluß des Kaiserturmes. Von den Pfeilern emporschwingende Strebebögen schließen sich zu einem Baldachin, auf den die stilisierte Reichskrone mit ihrem Durchmesser von 3,50 Metern und der Höhe von 6,60 Metern gemauert ist. Die Aussichtsplattform bietet bei entsprechender Witterung einen einzigartigen Rundblick bis hin zum Brocken und den Hügeln des Thüringer Waldes. Mit 25 000 Kubikmeter Baumasse erreicht der Turm bemerkenswerte Dimensionen. Für die Mauern des engeren Turmes – ab Hochterrasse – türmten die Bauleute nahezu 7 000 Kubikmeter Steine, Beton und Eisen auf.

Das Kaiser-Wilhelm-Denkmal gab den Vereinigungsbestrebungen der deutschen Kriegervereine die langersehnte Basis. Mit dem Denkmal und den Folgebauten – Wirtschaftsgebäude, Verwaltung, Gaststätte, Hotel – besaß das Kriegervereinswesen sein Zentrum. Noch 1896 entstand das »Krieger-Kyffhäuser-Lied« und wurde in der Kriegerverbands-Zeitschrift »Parole« veröffentlicht:

»... Stark wie des Berges Felsgestein
Soll uns're Lieb und Treue sein;
Wir stehn wie der Kyffhäuserthurm
Im Frieden wie in Kriegessturm
Stets fest, mit Gut und Blut, mit Herz und Hand
Zu unserem Kaiser und zum Vaterland.«

Die lange gewollte und gut bedachte Zentralisierung der deutschen Kriegerkameradschaften vollzog sich, als der Denkmalsausschuß in den »Ständigen Kyffhäuser-Ausschuß der vereinigten deutschen Kriegerverbände« umgebildet wurde. Mit ihrer Eintragung in das Vereinsregister am 15. August 1900 erhielt die Organisation als »Kyffhäuser-Bund der Deutschen Landeskriegerverbände« die Rechtsfähigkeit. Der im Juni 1896 umgebildete Ausschuß zum Denkmalbau hatte mit seinem Beschluß vom 19. September 1899 diese Konstituierung als Organisation vollzogen. Als erster Präsident wirkte General der Infanterie a. D. Alexander von Spitz. Bis auf wenige Ausnahmen vereinigten sich im Kyffhäuserbund alle deutschen Kriegervereine. Im Jahre 1900 waren das beispielsweise 21864 Kameradschaften und am Vorabend des ersten Weltkrieges bereits etwa 30000 mit nahezu drei Millionen Mitgliedern. Im nazistischen Staat wurde der Kriegerbund faktisch zur staatlichen Organisation, als ein Hitlerbefehl vom 18. März 1938 die Eingliederung aller bestehenden Soldatenverbände in den Kyffhäuserbund verfügte. Sein Traditionsfeld fand der Kyffhäuserbund in einer Stammkameradschaft, die sich bereits im preußischen Königreich unter Friedrich II. (1712; 1740–1786) gebildet hatte. 40 ehemalige Soldaten des im pommerschen Wangerin stationierten 17. Füsilierregimentes von Brünning schlossen sich 1786 zur »Militärischen Schützenbruderschaft Wangerin« als Interessenvertretung der alten Krieger zusammen. In der Pflege soldatischer Traditionen, gegenseitiger Kameradschaft und sozialer Betreuung sah die Bruderschaft wichtige Aufgaben. Bis heute betrachtet der Kyffhäuserbund den Wangeriner Verein als Urzelle der Kyffhäusertradition. »Die älteste Kameradschaftsfahne der ehemaligen Militärischen Schützenbruderschaft Wangerin« war bis 1945 gemeinsam mit anderen Traditionsfahnen in der Ehrenhalle des Kaiser-Wilhelm-Denkmals

Traditionsfahne des Kyffhäuserbundes,
Nachbildung der Wangeriner Kameradschaftsfahne

aufgestellt. Das 17. Füsilierregiment hatte sie unter anderem im Siebenjährigen Krieg (1756–1763) als Regimentsfahne geführt. Seit den Wirren am Ende des zweiten Weltkrieges ist sie verschollen. Im Juni 1986 würdigte der Kyffhäuserbund e. V. in Bonn »200 Jahre Kyffhäuser-Tradition« im Rahmen einer Festwoche unter dem Protektorat des Bundestagspräsidenten. Diese Veranstaltung war dem Bund Anlaß, eine Nachbildung des Wangeriner Originals als offizielle neue Bundesfahne zu weihen. Am 4. Mai 1990 bildete sich in Bad Frankenhausen die erste Kyffhäuser-Kameradschaft auf dem Boden der ehemaligen DDR. Anfang Juni 1990 belohnte Kyffhäuserbundpräsident Fischer diese Frankenhäuser Initiative mit der Überreichung einer Wangeriner Traditionsfahne (oben).

In den nahezu 100 Jahren seiner Existenz hat sich der Kyffhäu-

Alte Denkmalswirtschaft,
Barbarossasaal

serbund zu keiner Zeit in die bergentrückte Traumwelt sagenhafter Überlieferungen zurückziehen können oder wollen. Immer bildeten die Bewahrung des Soldatentums aus Vergangenheit und Gegenwart, die Pflege soldatischer Kameradschaft und die in der praktischen Arbeit breit gefächerten Aufgaben der Kriegerwohlfahrt für die Mitglieder des Bundes und ihre Angehörigen auf unterschiedliche Weise wesentliche Anliegen des Bundes. Das stellt den Weg des Bundes in die Unmittelbarkeit nationaler Geschichte. In die Entwicklung des Bundes griffen Schrecknisse vernichtender Weltkriege, der Zerfall einer ersten deutschen Republik und der Terror nazistischer Diktatur ebenso ein wie die an Auseinandersetzung und Lehre reichen Bemühungen, nach 1945 einen wiedervereinigten, freiheitlichen und demokratischen deutschen Staat zu schaffen. »Soldatentum an sich«, jenseits der konkreten Geschichte und nicht gebunden an den Zeitgeist, wäre auch für den Kyffhäuserbund keine Basis zu eigener Wertung. Ereignisse und Lehren eines langen Jahrhunderts fordern geradezu wägendes Überdenken, vielleicht auch die ausstehende umfassende Bearbeitung der Bundesgeschichte.

Das Mosaik dieser Geschichte ist bunt und vielfältig. Dazu zählt der von Bruno Schmitz 1897 vorgetragene Plan, den Kyffhäuser als

Altgermanischer Barde vor der Gaststätte »Burghof«,
nach einem Entwurf von Nicolaus Geiger,
ursprünglich Kaminfigur des Barbarossasaales

Standort für eine Stätte gigantischer Nationalfeste, für ein deutsches Olympia also, zu wählen (S. 111). – Es ist an die Weimarer Republik zu denken, in der die Entwicklung des Bundes in besonderer Weise von seinem Ehrenpräsidenten, Generalfeldmarschall Paul von Hindenburg – seit 1925 Präsident der Republik – geprägt war. Er vor allem rief wenige Jahre nach dem verlorenen Kriege zur Festigung des Kyffhäuserbundes auf. Das demonstrierte die Kundgebung mit über 20 000 ehemaligen Kriegern aus Anlaß des 25. Jahrestages der Denkmalseinweihung 1921 (S. 100). Historisch bemerkenswert ist das Grußtelegramm an den Exilkaiser Wilhelm II. nach Holland: »Ew. Majestät ermahnte bei der Einweihung des Kyffhäuser-Denkmals die deutschen Kriegervereine, Deutschlands Ehre und Wohlfahrt höher zu stellen, als alles irdische Gut. Ehrlich und treu sind wir dem gefolgt. Am Fuße unseres Denkmals geloben heute 20 000 Vertreter aller Kriegervereine, ihr ganzes Können auch in Zukunft dafür einzusetzen. – Der Vorstand des Kyffhäuserbundes, v. Hindenburg, Ehrenpräsident – v. Heeringen, Präsident.« In dieser Zeit beteiligte sich die 1922 als »Deutscher Reichskriegerbund (Kyffhäuser)« umbenannte Vereinigung an den Reichskriegertagen, welche bis in die Vorkriegszeit hinein durchgeführt wurden.

1933 ernannte Reichspräsident Hindenburg Adolf Hitler zum Reichskanzler. Der Übergang des Bundes in den nazistischen Staat verlief nahezu konfliktlos. Vermutlich hatte eine Erklärung des Kyffhäuserbund-Präsidenten, General von Horn, vom 30. April 1933 eindeutige Haltungen nicht gefördert: »Wir brauchen nicht umzulernen. Grundlage, Wege und Ziele müssen dieselben bleiben, wir müssen nur leidenschaftlicher an die Arbeit gehen.« 1934 trat Oberst a. D. Wilhelm Reinhard als Bundesführer – später Reichskriegerführer – an die Spitze des Verbandes. Seit 1938 firmierte die Vereinigung als »Nationalsozialistischer Reichskriegerbund (Kyffhäuser)«. Unter dem 1937 zum SS-Gruppenführer und mit persönlichem Schreiben Hitlers zum General der Infanterie – aus Anlaß seines 70. Geburtstages im März 1939 – beförderten Wilhelm Reinhard erreichte der Kyffhäuserbund im Nazistaat eine gewisse Stabilität. Hitler besuchte den Kyffhäuser viermal. Im Juni 1939 gab das am 6. Mai 1939 der Öffentlichkeit übergebene Standbild Hindenburgs Anlaß zum Besuch. Die von Bildhauer Hermann Hosaeus aus grünem Porphyr geschaffene Statue wurde am Fuße des Burgberges, an der sogenannten Kohlstätte aufgestellt. 1945 entfernte man das Denkmal. Gegenwärtig werden die Möglichkeiten der Wiederaufstellung geprüft. Diese Bemühungen sind allein schon deshalb begrüßenswert, weil der Besucher damit die Möglichkeit erhält, die unterschiedlichen Phasen der Kyffhäusergeschichte selbst nachzuvollziehen.

Bereits 1940 erhielt die Verbindung des Kyffhäusers mit dem Namen Barbarossa einen neuen Sinn, als in der »Führerweisung Nr. 21« vom 18. Dezember 1940 die Angriffsvorbereitungen Hitlerdeutschlands auf die Sowjetunion die Tarnbezeichnung »Barbarossa« erhielten. Der Mißbrauch des Kyffhäusers erreichte einen dramatischen Höhepunkt. Kein Stauferheer hatte je einen Quadratmeter des Bodens betreten, den deutsche Soldaten nunmehr erobern sollten.

Zu den offenen Fragestellungen der Bundesgeschichte gehört die Antwort auf die Entwicklung des Kyffhäuserbundes gegen Ende des zweiten Weltkrieges. Nicht ganz exakt wird gelegentlich von einem Verbot des Bundes durch die Hitlerregierung im Jahre 1943 gesprochen oder auch geschrieben. Nach einer »Verfügung des Führers« – im April 1943 im sogenannten Reichsverfügungsblatt veröffentlicht – wurden die Kriegerführungen des Kyffhäuserbundes in den Kreisen, Gauen und im Reich aufgelöst. Das entsprach den Maßnahmen Hitlerdeutschlands zur totalen Kriegführung. Die örtlichen Kriegerkameradschaften blieben bestehen und wurden den jeweili-

Adolf Hitler besucht den Kyffhäuser,
1937

gen »Hoheitsträgern der NSDAP« unterstellt. Das Bundesvermögen floß in eine »Kyffhäuser-Stiftung« unter der Leitung Reinhards. Von einem Verbot des Bundes ist wohl erst im Zusammenhang mit dem Potsdamer Abkommen von 1945 zu sprechen.

Wilhelm Reinhard erreichte im September 1952 die Neugründung der Vereinigung als »Kyffhäuserbund – Bund ehemaliger Wehrmachtsangehöriger und Kriegsteilnehmer, ihrer Angehörigen und

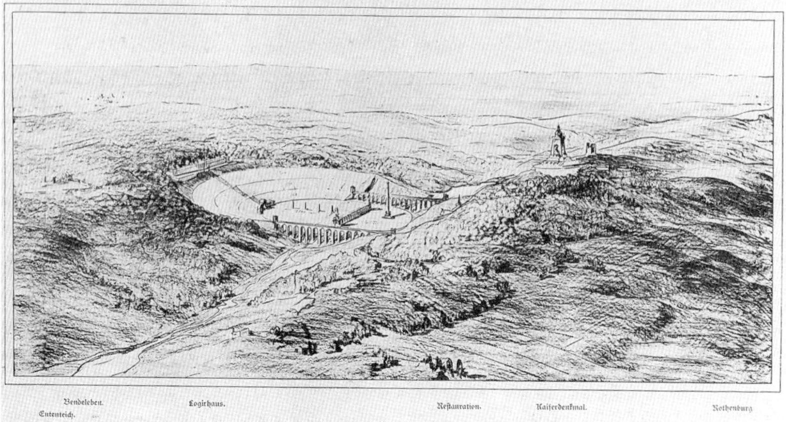

Ansicht aus der Vogelschau

Bruno Schmitz und W. Böckmann,
Entwurf für eine deutsche Nationalfeststätte,
1896/97

Hinterbliebenen« auf dem Gebiet der Bundesrepublik. Seit 1990 entstehen Vereine in den fünf neuen Bundesländern Ostdeutschlands. Sie gehören als Kyffhäuserkameradschaften zum Kyffhäuserbund e. V., der seine Aufgaben in Übereinstimmung zum Grundgesetz sieht. Offenkundig prägten vergangene Erfahrungen das Profil der Bundesentwicklung nach 1945. Heute ist das Frieden und Verständigung fordernde Demokratieverständnis Bezugspunkt auch für Krieger- und Soldatenbünde. Diese Erkenntnis beeinflußt offensichtlich auch den »Kyffhäusergeist«, der seine Interpretation nicht mehr am Monarchismus, an Kriegen oder an Gegensätzlichkeiten zur Arbeiterschaft messen kann. Der heutige Kyffhäuserbund e. V. formuliert die Leitgedanken aktuellen Traditionsverständnisses: »Kyffhäusergeist ist für uns Bekenntnis zu unserem Volk, unserem Vaterland, zu unserem demokratischen Rechtsstaat, zu den Tugenden des Soldatentums, zu den Werten der Tradition, zum Guten und Großen der Vergangenheit!« In der Organisationsarbeit begleitet breit gefächertes sozial-karitatives Handeln die Umsetzung dieser inhaltlichen Leitgedanken.

Der Kyffhäuser mit seinen Denkmälern fordert nach 40 Jahren DDR auch in den neuen Bundesländern Nachdenken und Wertung. Dem nicht vertretbaren Anspruch auf das gesamte Erbe nationaler und regionaler Geschichte stand in der Praxis der vielleicht sogar gewollte Verfall der Anlagen gegenüber. Es ist der Unverdrossenheit einer Reihe von regionalhistorisch interessierten Bürgern und Gruppen zu danken, daß trotz einer insgesamt negativen Entwicklung einiges bewahrt werden konnte. Heute ist zu wünschen, daß sich der Gedanke festigt und verwirklicht, den Kyffhäuser mit seinen Zeitzeugen als einzigartiges großräumiges Museum zu gestalten. Es gehört wohl auch zu den Lehren der Kyffhäusergeschichte, die Anlage ohne »historische Lücken« so zu präsentieren, daß die Besucher anschauliche Anregungen zur Herausbildung eigener Haltungen erhalten. Diesem Anliegen sollten sich alle demokratischen Kräfte und Vereinigungen selbst bei noch unterschiedlichen Auffassungen zu inhaltlichen Problemen stellen.

Ausstellungen

Der Kyffhäuser gehört nicht zu den herkömmlichen Museen. Im weiten Sinne vermittelt die gesamte Anlage museales Erlebnis. In traditioneller Gestaltung informieren thematisch abgegrenzte Expositionen im Kaiser-Wilhelm-Denkmal beziehungsweise im kleinen, während der dreißiger Jahre gebauten Burgmuseum. Diese Ausstellungen stehen in gewisser Wechselbeziehung zu den umfänglichen Sachzeugen im Burggelände.

Ursprünglich war bereits beim Bau des Denkmals, allerdings ohne feste Vorstellungen oder Vorgaben, vorgesehen, die beiden Seitenkammern und die Kuppelhalle zur Aufstellung von Standbildern, Gedenktafeln, Schriftbändern, Reliefs, Büsten oder auch zu ausgesprochen musealen Zwecken zu nutzen. In dieser Weise wurde dann auch verfahren. Die Thematik der nicht ständigen Ausstellungen wechselte, war natürlich vom Zeitgeist getragen und in der Regel in herkömmlicher musealer Weise gestaltet. Der thematische Wechsel blieb auch, zumindest für die Seitenkammerausstellung, nach 1945 typisch. In der Denkmalhalle präsentiert sich seit 1969 das fünfteilige Bronzerelief »Kyffhäuser«, geschaffen vom Hallenser Bildhauer Martin Wetzel (S. 113). In ausgewogener simultaner Bildsprache sind Elemente der interessanten und zugleich widerspruchsvollen Geschichte des Kyffhäusers künstlerisch bearbeitet. Der Zyklus hat nicht nur regionale Bezüge. Die Tafeln verweisen darüber hinaus auf Zusammenhänge zur nationalen Geschichte und heben Episoden aus dem Mittelalter und dem 19./20. Jahrhundert hervor. Wetzel möchte den Betrachter veranlassen, Geschichte erlebnisbetont und nachvollziehbar zu empfinden, und zum Nachdenken anregen. Das erscheint an einer Stätte, die sich mit militanten Traditionen auseinanderzusetzen hat, unumgänglich. Schließlich sollte vermerkt werden, daß der Künstler beispielsweise mit dem im quadratischen Mittelteil gestalteten Brückenschlag zum einigen Vaterland zukunftsträchtige Symbolik gestaltete. Wir verkennen nicht die Möglichkeiten, die uns die vier den Mittelbereich flankierenden rechteckigen Tafeln zur Auseinandersetzung mit der Geschichte anbieten.

Die südliche Seitenkammer wird seit längerer Zeit zu kleineren Veranstaltungen und Filmvorträgen genutzt. In der gegenüberlie-

Martin Wetzel (geb. 1929),
Kyffhäuser (Ausschnitt),
Bronzerelief in der Denkmalhalle, 1969

genden Kammer informieren Ausstellungen über historische Themen. Manchmal stehen sie im Zusammenhang mit Jubiläen. Beispielsweise wird gegenwärtig im Zusammenhang mit den 100. Jahrestagen der Einweihung und der Grundsteinlegung des Kaiser-Wilhelm-Denkmals eine neue Ausstellung konzipiert. Die gegenwärtige Exposition ist mit ihrer Thematik »Krieg und Frieden« einem

Grundanliegen unserer Zeit gewidmet. Die in vier Vitrinen ausgestellten Sachzeugen wie Uniformen, Medaillen, Bilddokumente, Abzeichen und Waffen veranschaulichen Beziehungen zu den übrigen Bereichen der Exposition. Außerhalb der Ausstellungsthematik geben Metalltafeln einen kurzen Überblick über Baugeschichte und Entwicklung des Denkmals. Vier Stelen in der Mitte des Raumes (S. 116/117) symbolisieren als Metallgestaltungen die Härte des Krieges und Zerbrechlichkeit menschlichen Lebens. Ein Wandbild, das mit gegenständlichen und metaphorischen Mitteln den Krieg geißelt, beherrscht die Stirnseite der Exposition. Die verhaltene Farbigkeit unterstreicht den visionären Charakter des vom Hallenser Maler Sven Schmidt geschaffenen Bildes.

Auf dem Wege zum kleinen Kyffhäusermuseum gilt dem Burgbrunnen die Aufmerksamkeit vieler Besucher. Der 176 Meter tiefe Brunnen wird von einer Sickerwasserader des Kyffhäusergebirges gespeist. In harter Fronarbeit entstand die lebenswichtige Versorgungsanlage zwischen 1140 und 1170. Nach dem Verfall Kyffhausens füllte sich der Brunnenschacht im Laufe der Jahrhunderte mit Felsgestein, Schutt und Asche. Während der Ausgrabungen in den dreißiger Jahren unseres Jahrhunderts wurde er mit Hilfe einer elektrischen Förderanlage beräumt und funktionstüchtig hergerichtet. Seither zählt er zu den attraktiven Sehenswürdigkeiten im Oberburgbereich. Der im benachbarten Museum ausgestellte Schöpfeimer (S. 119) und die erläuternde Grafik lassen die Anstrengungen ahnen, die nötig waren, um das Wasser ans Tageslicht zu bringen.

Unterhalb des Burgbrunnens steht der Kaiser Wilhelm I. gewidmete Gedenkstein des Studentenverbandes. Er veranschaulicht innenpolitische Grundwerte kaiserlicher Zeitgeschichte, wie sie in der Kaiserbotschaft vom 17. November 1881 proklamiert wurden. Hier liegt wohl in erster Linie seine Bedeutung. Die Grundsteinlegung erfolgte im August 1891, und am 8. August 1896 wurde dann der 6 Meter hohe »architektonische Aufbau an einer Felsenecke« eingeweiht. Am schmalen, von den deutschen Studenten gestifteten Gedenkstein waren auf der Platte von 3 Meter Höhe und etwa 1,5 Meter Breite auf einer größeren oberen Tafel aus Erzguß die Hauptsätze der kaiserlichen Botschaft vor dem Reichstag eingebracht. Die kleine untere Tafel betonte den Stellenwert der Gedenkstätte: »Der Kaiserbotschaft vom 17. November 1881 zum Gedächtnis. Der Kyffhäuser-Verband der Vereine Deutscher Studenten. 1896.« Bisher war der Verbleib der 1945 verschollenen Tafeln nicht zu ermitteln. Es gehört zu den gegenwärtigen Aufgaben, die Anlage im ursprünglichen Zustand wiederherzustellen. Den Anlaß zur

Blick in das Burgmuseum

Seiten 116/117:
Blick in die Ausstellung
in der linken Seitenkammer des Denkmals

GOTT
MIT

Burgmuseum,
Zierelemente von den Wohnbauten
der ehemaligen Reichsburg Kyffhausen

neuen Ausstellung im Burgmuseum neben dem Denkmal gab der 800. Todestag Barbarossas im Juni 1990. Es ist der gestalterischen Arbeit Dr. Georg Wüstholz' und Dr. sc. Martin Beerbaums zu danken, daß in der komplizierten Raumhülle des Museums eine ausgewogene Ausstellung ohne Verletzung der Bausubstanz entstand. Durch eine moderne Synthese zwischen Raum- und Gegenstandsangebot – Vitrinen, Tafeln, Licht – wurde es möglich, das Faktenmaterial so aufzubereiten, daß historische Authentizität sowohl durch die ausgewählten Sachzeugen und Dokumente als auch durch die Texttafeln belegt wird. Mit dem gestalterisch zusammengeschlossenen Raumvolumen wurde der Gruftcharakter der eigentlichen Bauhülle überwunden. Dadurch bieten sich mit den für diese Exposition eigens angefertigten Ausstattungselementen gute Bedingungen für die Präsentation der Sachzeugen. Der Einsatz lichtgestalterischer

Burgmuseum,
Schöpfeimer des
mittelalterlichen Brunnens

Mittel, Innenraumstruktur und die als Computergrafik gestalteten Texttafeln schaffen die zum intensiveren Betrachten einladende Atmosphäre.

Ziel der Ausstellung war, das Historische menschlich näher erlebbar zu gestalten. Sachzeugen sind in der Regel so vorgestellt, daß die Nutzungsspuren deutlich erkennbar sind. Im inhaltlichen Mittelpunkt der Exposition stehen museale Informationen über das mittelalterliche Kyffhausen. Darüber hinaus sind Hinweise zur frühgeschichtlichen Besiedlung gegeben. Eine Ausstellungsposition informiert den Besucher über die Kyffhäusersage.

Gleich hinter der Eingangstür wird der Besucher nochmals an den Brunnen erinnert. Die Freilegung des Brunnens während der dreißiger Jahre brachte Fundergebnisse, die teilweise – beispielsweise der erwähnte Schöpfeimer, Reste einer Strickleiter und ein

Burgmuseum,
Grabungsfunde aus den
Siedlungsperioden von Kyffhausen

Pferdegeschirr – gezeigt werden. Interessante Funde belegen einzelne Siedlungsperioden und weisen auf den Stand der Produktion hin. Wir bemerken Reste von vergoldeten Knöpfen, Metallgegenstände zum täglichen Gebrauch, Schmuckanhänger und bronzene Schreibgriffel, die für Wachstafeln bestimmt waren. Aus manchen Funden sind Rückschlüsse über Lebens- und Wirtschaftsweise zu ziehen: Schlüssel, Sicheln, Kinderspielzeug, Kugeltöpfe, Kannen und vieles andere. Einige Sachfunde aus der Tilledaer Pfalz verweisen auf die Beziehungen zwischen Kyffhausen und Kaiserpfalz. Das Interesse der Besucher finden die während verschiedener Ausgrabungen geborgenen Zierelemente der Burg Kyffhausen. Selbst die geringen Reste – Säulenverzierungen und prachtvolle Kapitelle (S. 118) – belegen die sorgfältigen mittelalterlichen Steinmetzarbeiten.

Literatur (Auswahl)

Allgemeine Geschichte des Mittelalters/hrsg. von B. Töpfer. Berlin, 1985

Anemüller, E.: Kyffhäuser und Rothenburg in Vergangenheit und Gegenwart. 2. Aufl. Detmold, 1892

Arndt, Monika: Das Kyffhäuser-Denkmal. Ein Beitrag zur politischen Ikonographie des Kaiserreiches. In: Wallraf-Richartz-Jahrbuch. Bd. XL, 1978

Bechstein, L.: Deutsche Märchen und Sagen. 2. Aufl. Berlin und Weimar, 1981

Behm-Blancke, G.: Höhlen-Heiligtümer-Kannibalen. Leipzig, 1958

Böckmann, W.; Schmitz, B.: Die deutschen Nationalfeste und der Kyffhäuser als Feststätte. Berlin, 1897

Brachmann, H.-J., u. a.: Friedrich I. Barbarossa. Politik und Wirkung (Manuskriptdruck). Berlin, 1989

Deutsche Heimatsagen/hrsg. von H. Trommer. Bd. 3. Berlin, 1961

Deutsche Ruhmeshalle/bearb. von H. Müller-Bohn. Bd. 1. Berlin, o. J.

Eberhardt, H.: Die Kyffhäuserburgen in Geschichte und Sage. In: Blätter für deutsche Landesgeschichte. Jg. 96. Wiesbaden, 1960

Eberhardt, H.; Grimm P.: Die Pfalz Tilleda am Kyffhäuser. 4. Aufl. Tilleda, 1972

Einicke, G.: Zwanzig Jahre Schwarzburgische Reformationsgeschichte 1521–1541. Bd. 1. Nordhausen, 1904

Engelhardt, E.: Das Kyffhäusergebirge – Seine Natur- und Kulturgeschichte. Bad Frankenhausen, 1930

Engert, F.: Kyffhäuserbund e. V. – ein Volksbund. Geschichte, Leitsätze. Der Kyffhäuserbund heute. Wiesbaden, o. J.

Erfurth, R.: Das Kyffhäuserdenkmal. Langensalza; Berlin; Leipzig, o. J.

Ferschke, H.: Der Kyffhäuser und das Kaiser-Wilhelm-Denkmal – Ein Wanderbüchlein. Bad Frankenhausen, 1902

Fulda, A.: Die Kiffhäusersage. Sangerhausen; Leipzig, 1899

Gloger, B.: Kaiser, Gott und Teufel – Friedrich II. von Hohenstaufen in Geschichte und Sage. Berlin, 1982

Grimm, J. und W.: Deutsche Sagen. 2. Aufl. Berlin, 1984

Hampe, K.: Deutsche Kaisergeschichte im Zeitalter der Salier und Staufer. 5. Aufl. Leipzig, 1923

Heer, G.: Geschichte der Deutschen Burschenschaften. Bd. 3. Heidelberg, 1929

Hesse, L. F.: Geschichte des Schlosses Rothenburg in der unteren Herrschaft des Fürstentums Schwarzburg-Rudolstadt. Naumburg, 1823

Historische Volkssagen aus dem 13. bis 19. Jahrhundert/hrsg. von G. Griepentrog. Bd. 3. Berlin, 1975

Kampers, F.: Die deutsche Kaiseridee in Prophetie und Sage. München, 1896

Karwiese, E.: Kyffhäuser und Goldene Aue in deutscher Geschichte und Sage. Berlin, 1926

Der Kyffhäuser und seine Umgebung/hrsg. von H. Eberhard. Berlin, 1976

Lehfeldt, P.: Bau- und Kunstdenkmäler Thüringens. Heft V, Jena, 1889

Leyen, F. von der: Die Götter und Göttersagen der Germanen. München, 1909

Magister und Scholaren ... Leipzig; Jena; Berlin, 1981

Müldener, J. F.: Historisch-Diplomatische Nachrichten von einigen ... Bergschlössern in Thüringen. Leipzig, 1752
Pfeiffer, F.: Volksbüchlein vom Kaiser Friedrich. In: Zeitschrift für das deutsche Altertum. Leipzig, 1845
Probst, A.: Sagen und Märchen aus Thüringen. Berlin, 1957
Ranke, F.: Die deutschen Volkssagen. München, 1910
Schultheiß, F. G.: Die deutsche Volkssage vom Fortleben und der Wiederkehr Kaiser Friedrichs II. In: Historische Studien. Berlin (1911) XCIV
Schulze, F.; Symank, P.: Das deutsche Studententum von den ältesten Zeiten bis zur Gegenwart. Leipzig, 1910
Siegel: Vom Kyffhäuserbund zum NS.-Reichskriegerbund (Mit einem Vorwort von Wilhelm Reinhard). Berlin, 1938
Stuhr, M.: Das Kyffhäuser-Denkmal – Symbol und Gestalt. In: Historismus – Aspekte zur Kunst im 19. Jahrhundert. Leipzig, 1985
Timm, A.: Der Kyffhäuser im deutschen Geschichtsbild. In: Historisch-Politische Hefte der Ranke-Gesellschaft. Heft 3. Göttingen, o. J.
Timm, A.: Sagengeschichtliches vom Kyffhäuser. In: Wissenschaftliche Annalen zur Verbreitung neuer Forschungsergebnisse. Berlin, 1954
Wäscher, H.: Die Baugeschichte der Burg Kyffhausen. Halle, 1959
Wehrhan, K.: Die deutschen Sagen des Mittelalter. München, 1919
Westphal, A.: Das Kaiser-Wilhelm-Denkmal auf dem Kyffhäuser. 3. Aufl. Berlin, 1910
Zinke, L.: Das Kyffhäuser-Denkmal, seine Entstehung, seine Weihe, seine Bedeutung. Frankenhausen, 1921

Bildnachweis

Seite 2: Kyffhausen. Grundriß der Gesamtanlage nach Hermann Wäscher, Vorlage im Burgenarchiv, Institut für Kunstgeschichte der Martin-Luther-Universität Halle.

Außer von Hans-Dieter Kluge stammen die Aufnahmen aus folgenden Quellen: Burgenarchiv, Institut für Kunstgeschichte der Martin-Luther-Universität Halle S. 38, 39; Edition Leipzig (Archiv) S. 65, 71; Foto Bark, Bad Frankenhausen S. 100, 103; Kunstmuseum Düsseldorf S. 69; Nationale Forschungs- und Gedenkstätten der klassischen deutschen Literatur in Weimar S. 36, 37; Schloßmuseum Wernigerode S. 10; Seemann Verlag (Archiv), Leipzig S. 17; Verlag Görtz, Bad Frankenhausen S. 73, 92. Dem Kreisheimatmuseum Bad Frankenhausen danken wir für die Bereitstellung der Objekte auf S. 58, 93, 109. Herr Hans Günther stellte aus privatem Besitz freundlicherweise die Objekte auf den S. 95, 97, 99 zur Verfügung.

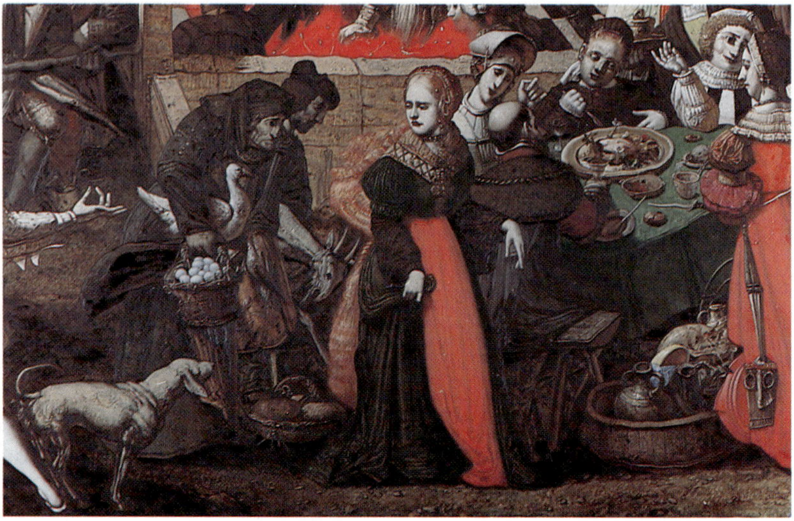

1987 vollendete der Leipziger Maler und Grafiker *Werner Tübke* das wohl anspruchvollste Projekt in seinem Schaffen – die

Frankenhäuser Gemälderotunde zum Thema
»Frühbürgerliche Revolution in Deutschland«
(14 × 123 m, Öl auf Leinwand).

Die ganze Epoche erscheint – das Zeitalter von Renaissance und Reformation – jedoch weder als chronologische Abfolge geschichtlicher Fakten noch als naturalistische Nachbildung des Frankenhäuser Gemetzels vom 15. Mai 1525, wie Bildtitel oder Name der Einrichtung vermuten lassen. In einer den Zeitgeist reflektierenden metaphorischen Bildsprache bietet Tübke letztlich seine subjektive Sicht auf jenen gesellschaftlichen Umbruch vom Mittelalter zur Neuzeit zum Dialog.

Öffnungszeiten:	April–September	9–18 Uhr
	Oktober–März	10–17 Uhr
Schließtage:	montags (außer an gesetzlichen Feiertagen) sowie am 24. und 31. Dezember In den Monaten Juli/August ist montags von 13–18 Uhr geöffnet.	

Adresse:

Bauernkriegs-Panorama · Bad Frankenhausen
Am Schlachtberg 9 · Postfach 29
O-4732 Bad Frankenhausen
Telefon: 00 45 86-82 14 bzw. 00 37 45 86-82 14

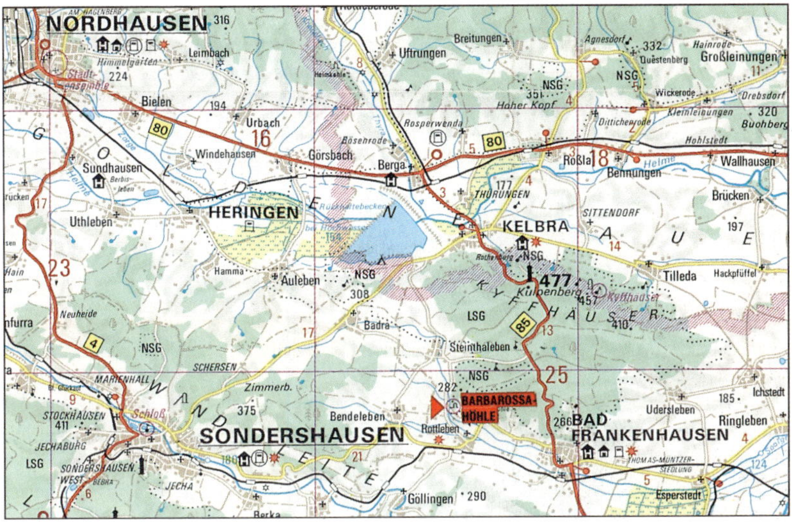

BARBAROSSAHÖHLE
lädt zum Verweilen ein

Am südwestlichen Rand des Kyffhäusergebirges, etwa 6 km von Bad Frankenhausen entfernt, liegt die größte für den Tourismus zugängliche Gipshöhle Europas. Entdeckt wurde sie 1865, und seitdem konnten sich Millionen Besucher von den bizarren Schönheiten des unterirdischen Labyrinths überzeugen. Die Rottleber Höhle erhielt ihren Namen in Hinblick auf die Barbarossasage. Sie finden hier einen aus Stein aufgestellten Tisch und Stuhl Barbarossas, zahlreiche saalähnliche Gewölbe und Grotten sowie blaugrün schimmernde Seen.

Wir erwarten Ihren Besuch!
Mai–September tgl. 9–18.00 Uhr
Oktober–April tgl. 9–17.00 Uhr
letzte Führung 30 Min. vor Schließung

Für Ihr leibliches Wohl sorgt die sich in der unmittelbaren Nähe der Höhle befindende Gaststätte.